这本书的主人是：
5
Σ × √12

Original Title: My Encyclopedia of
Very Important Adventures: For little learners who love
exciting journeys and incredible discoveries
Copyright © Dorling Kindersley Limited, 2020
A Penguin Random House Company

北京市版权登记号：图字 01-2022-5793
审图号：GS 京（2022）1285号
＊ 本书插图系原文插图

图书在版编目（CIP）数据

那些重要的探索 / 英国DK公司编著 ; 齐东峰译. -- 北京 : 中国大百科全书出版社, 2022.11
（DK幼儿百科全书）
书名原文: My Encyclopedia of Very Important Adventures: For little learners who love exciting journeys and incredible discoveries
ISBN 978-7-5202-1242-7

Ⅰ. ①那… Ⅱ. ①英… ②齐… Ⅲ. ①科学知识-儿童读物 Ⅳ. ①Z228.1

中国版本图书馆CIP数据核字（2022）第210452号

译　　者：齐东峰

策 划 人：杨　振
责任编辑：应世澄
封面设计：纪晓萱

DK幼儿百科全书——那些重要的探索
中国大百科全书出版社出版发行
（北京阜成门北大街17号　邮编 100037）
http://www.ecph.com.cn
新华书店经销
北京华联印刷有限公司印制
开本：889毫米×1194毫米 1/16　印张：14
2022年11月第1版　2022年11月第1次印刷
ISBN 978-7-5202-1242-7
定价：178.00元

For the curious
www.dk.com

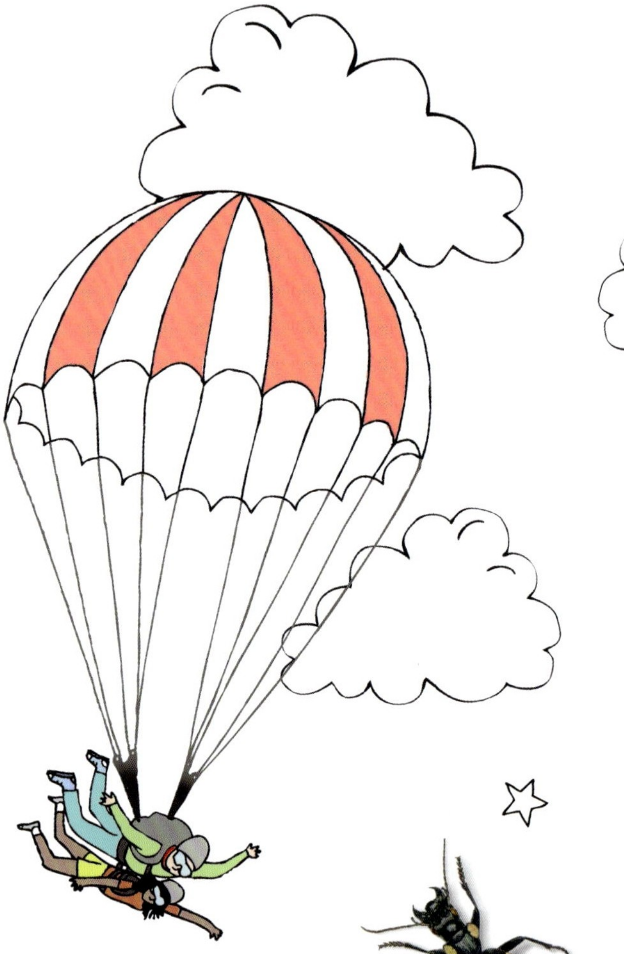

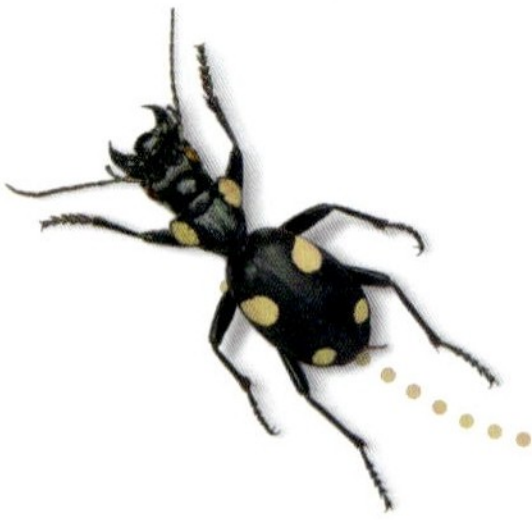

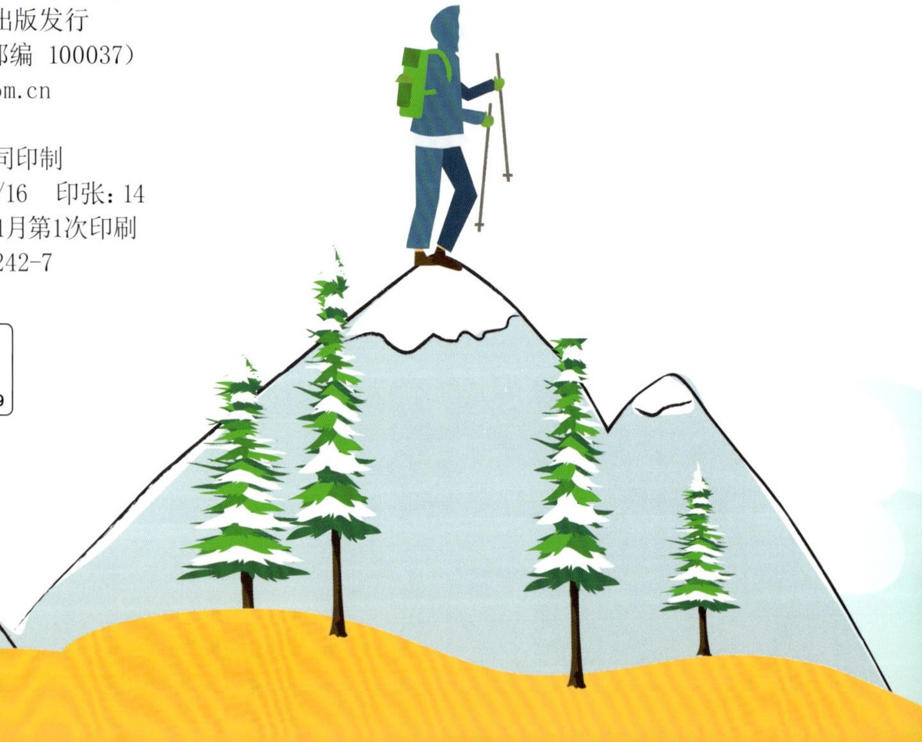

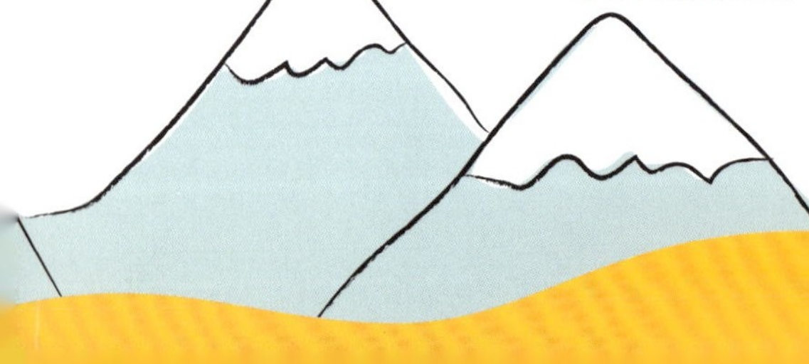

DK 幼儿百科全书
那些
重要的探索
献给对未知
充满好奇的小家伙们
中国大百科全书出版社

目　录

探险家与发现者

科学家与发明家

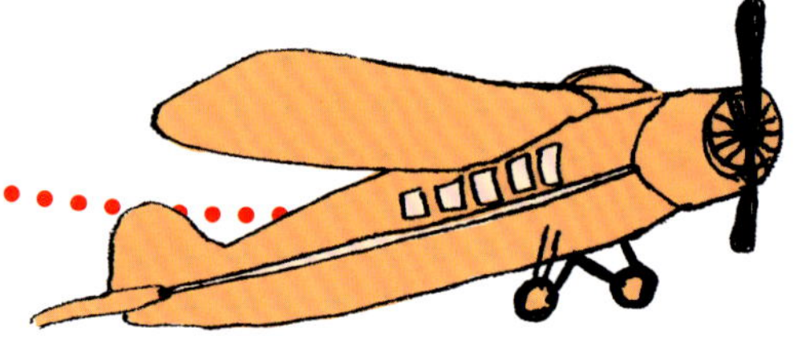

开拓者与先驱

建筑师、创作者与思想家

特技演员与冒险家

探险家与发现者

纵观历史，许多英勇无畏的人都曾冒着**巨大的风险**去发现远方的大陆，探索陌生的世界。只有勇敢的人才有能力去探寻未知。所以，请你深呼吸，然后翻开这本书，开启你的探险之旅吧！

勇于开拓的翻译家

这位中国僧人既是一位**大学者**，也是一位旅行家。正是他将大量的佛教经典引入了中国。

大胆的开始

公元 7 世纪初，年少的**玄奘**通过学习佛教经典对佛教有了初步的了解。不久之后，他皈依佛门。后来，玄奘想要去印度游历，弄清楚更多的佛学问题，然而当时的皇帝并不支持他。

秘密出行

一天晚上，玄奘开启了秘密前往印度的**朝圣之旅**。他一路向西，穿过荒漠和高山，遇见了拥有不同文化背景和信仰的人们。到达印度后，他在恒河流域游历，对佛教圣地大为赞叹，还与许多佛教高僧交流学习。

玄奘写了一部关于自己西行经历的书，书中记录了他西行途中的异域故事。

在朝圣的旅途中，玄奘走过一段著名的贸易通道——丝绸之路。

北印度的戒日王十分欣赏玄奘的壮举。

朝圣归来

17 年后，玄奘带着很多新的佛教经典回到中国。当时的皇帝听说了玄奘**历险**过程中的收获后十分高兴。玄奘勇敢的朝圣之旅，使佛教在中国和其他国家得到了更多的传播。

维京之旅

许多人都认为克里斯托弗·哥伦布是第一个发现**新大陆**的欧洲人。然而，在他发现新大陆的500年前，维京水手们就已经去过那里了。

冰岛的“萨迦”是一种既包含史实又包含虚构内容的故事集，因此我们也无法知晓莱夫·埃里克松的真实探险经历。

欢迎来到葡萄之乡！

有其父，必有其子

根据冰岛的古代故事和传说——“萨迦”的记载，年轻的维京人**莱夫·埃里克松**在冰岛长大。当时，维京人在海上到处探险，掠夺各地的财富。传说，莱夫·埃里克松是海盗首领红胡子埃里克松的二儿子。红胡子埃里克松发现了格陵兰岛，莱夫·埃里克松希望自己能比父亲探索得更远。

新大陆

公元 1000 年前后，莱夫·埃里克松带领水手们起航去寻找新的陆地。他们经过格陵兰岛后继续向西，发现了**新大陆**。他们在北美洲的东海岸登陆，登陆地点应该就是现在加拿大的纽芬兰。

探索东方

意大利商人马可·波罗在17岁时开启了他的**中国之旅**——这是他一系列令人难以置信的探险的开端。

马可·波罗跟随父亲和叔叔去旅行。

欧洲

威尼斯

东方探险

1271 年，马可·波罗一行三人离开了意大利的威尼斯，前往东方。马可·波罗的父亲和叔叔曾受中国元朝皇帝忽必烈的委托前往罗马教廷，这一次他们从教皇那里为**忽必烈**带来了圣油和一封信。历经四年的长途跋涉，他们沿着一条古老的贸易通道——丝绸之路，抵达了忽必烈位于上都（位于今内蒙古自治区锡林郭勒盟正蓝旗境内）的宏伟宫殿。

皇家任命

见到马可·波罗一行三人后，忽必烈十分高兴，任命马可·波罗为重要的官员。在接下来的 17 年里，马可·波罗多次代表中国皇帝出使**亚洲**的其他国家。

亚洲

马可·波罗的旅行路线

上都

马可·波罗的返程路线

眼见为实

当时，没有多少欧洲人能游历这么远的地方，因此马可·波罗被自己所看到的景象**震惊**了。他看到了漂亮的丝绸、美味的香料，甚至还看到了风筝和烟花。不过，对于马可·波罗而言，印象最深的是当时的中国人已经开始用纸币代替金银了。

东方遇见西方

1295 年，马可·波罗回到了家乡。他写了一本关于自己游历过程的书。然而，当时的欧洲人认为他的这些故事太令人**难以置信**了。直到今天，仍然没有人能够说清楚，他书中的内容有多少是事实，有多少是杜撰的。

传奇探险家

这是一位从小便对旅行有着极大兴趣的学者。他花了30年的时间四处游历，之后将自己的探险经历写成书。这部著作是世界上最早的**游记**之一。

朝圣之旅

1325 年，21 岁的摩洛哥探险家**伊本·白图泰**开启了前往麦加（位于今沙特阿拉伯境内）的朝圣之旅。这次旅途充满了挑战，因为他不仅遇到了强盗，还要与疾病斗争。经过 16 个月的不懈努力后，他终于抵达了麦加。

如今，每年有数百万穆斯林前往麦加朝圣。

伊本·白图泰

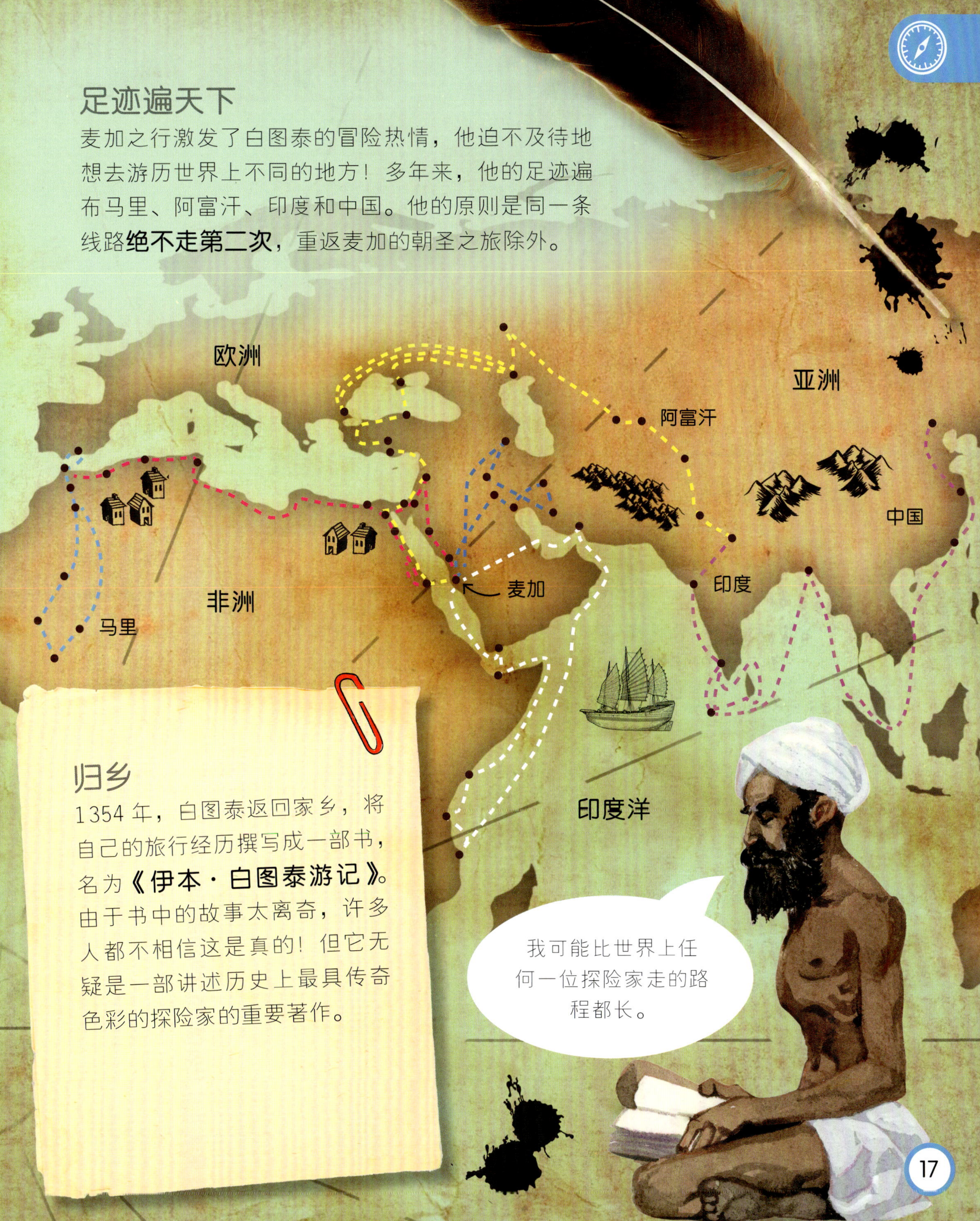

足迹遍天下
麦加之行激发了白图泰的冒险热情，他迫不及待地想去游历世界上不同的地方！多年来，他的足迹遍布马里、阿富汗、印度和中国。他的原则是同一条线路**绝不走第二次**，重返麦加的朝圣之旅除外。
欧洲
亚洲
阿富汗
中国
印度
麦加
非洲
马里
印度洋
归乡
1354 年，白图泰返回家乡，将自己的旅行经历撰写成一部书，名为**《伊本·白图泰游记》**。由于书中的故事太离奇，许多人都不相信这是真的！但它无疑是一部讲述历史上最具传奇色彩的探险家的重要著作。
我可能比世界上任何一位探险家走的路程都长。

郑和下西洋

1405~1433年，**郑和**率领庞大的中国皇家船队先后完成了七次远航。

琳琅满目的礼物

郑和第一次出航时，率领了一支由大约300艘船组成的船队！船上装满了丝绸、瓷器等各式各样的**礼物**。同时，跟随船队出航的还有上万名士兵，以及天文学家、医生和学者。这一切都给其所到之处的人们留下了深刻的印象。

中国人发明的罗盘是郑和航海途中的重要帮手。

永乐皇帝

重任在身

郑和计划远航亚洲和非洲，为**永乐皇帝**树立威望。虽然永乐已经是大明王朝的皇帝，但他仍然想扬名世界。

远洋壮举

郑和到访了30多个国家，让许多国家都见证了中国的强大。返航时，他带回了许多异域礼物，不仅有**象牙**、**香料**，甚至还俘获并带回了敌国国王！郑和的几次航行都充满了令人兴奋的经历——他曾平息了海盗的叛乱，也曾目睹印度国王的即位仪式。

美洲的命名

你是否好奇北美洲和南美洲的名字是怎么来的？是谁最先给它们起的名字？遗憾的是，这个问题人们至今也没能搞清楚！

亚美利哥·韦斯普奇

在我所处的时代，人们认为世界上只有三大洲：欧洲、非洲和亚洲。这也正是美洲被称作“新大陆”的原因。

如今，北美洲和南美洲是两个独立的大洲。

新大陆

从 1497 年开始，意大利探险家**亚美利哥·韦斯普奇**多次航行到美洲，并声称发现了“新大陆”。其实在他之前，克里斯托弗·哥伦布和维京人莱夫·埃里克松都已经到过美洲，当地的原住民更是祖祖辈辈都生活在那里。

重绘世界版图

虽然亚美利哥并不是第一个发现“新大陆”的人，但确实是较早航行到那里的欧洲人。而且，人们普遍认为他是第一个意识到美洲是一块**独立大陆**的欧洲人。

将美洲绘在地图上

1507 年，一位著名的地图绘制师将“新大陆”绘在了世界地图上，并采用了**美洲**（America）这个名称。这个名称因此沿用了下来。大多数人认为，他采用这个名称是受到了亚美利哥（Amerigo）的影响。然而，也有其他人认为它是以一座山的名字命名的。直到今天，也没有人能把这件事情弄明白。

环球航行

1519年，一支由五艘船组成的船队，载着200多名水手从西班牙出发，开启了一次缔造历史的航行。最终，只有18名水手成功返航，成为第一批完成**环球航行**的人。尽管这并不是他们最初的计划……

南美洲

太平洋

丁香换现金

西班牙国王查理一世希望船队能为自己找到一条通往**香料群岛**（今印度尼西亚马鲁古群岛）的航线。这些岛屿上生长着丁香、肉豆蔻和肉桂等香料植物。这些香料在当时十分珍贵。

麦哲伦的计划

一名叫作**斐迪南·麦哲伦**的葡萄牙水手突发奇想，计划**向西**航行绕过美洲抵达香料群岛，但遭到葡萄牙国王的拒绝。后来，麦哲伦迁居西班牙。1519 年，经西班牙国王批准后，麦哲伦率领**五艘**船起航。

朝一个方向一直航行下去就可以完成“环球航行”。

斐迪南·麦哲伦

致命的航程

这次航行**危险重重**，水手们遭遇了暴风雨、叛乱、疾病和饥饿。两年后，只有两艘船成功抵达香料群岛，而麦哲伦本人则在航程中的一场战斗中被杀。

1519年 五艘船驶离西班牙。

1522年 一艘船返航。

1521年 两艘船抵达香料群岛。

1521年 麦哲伦在菲律宾的一场战斗中被杀。

欧洲
西班牙
起点
亚洲
非洲
印度洋
香料群岛
大西洋
大洋洲
太平洋

仅有一艘船历尽艰辛成功返回西班牙。

麦哲伦和他的水手们是最早见到企鹅的欧洲人。

千载难逢的机会

这名神气的水手乘着华丽的“金鹿”号帆船**环航世界**，为女王及其国家航行。

“我并不讨厌岸上的生活，但海上的生活更美好。”
——弗朗西斯·德雷克

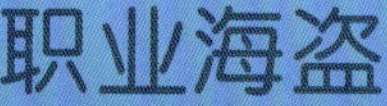

职业海盗

弗朗西斯·德雷克成长于英格兰的海边，后来成为一名**私掠船船长**（获得官方许可的私人武装船只），专门掠夺西班牙船只上的金银财宝。英格兰女王伊丽莎白一世对德雷克的掠夺能力印象深刻，命令他前往南美洲占领新领地。

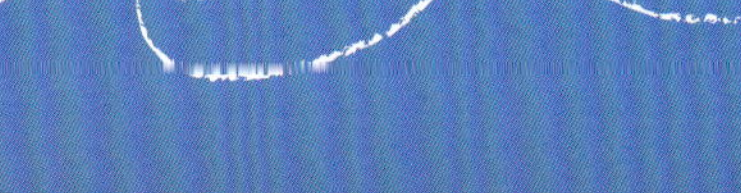

西班牙人给弗朗西斯·德雷克

兴风作浪

1577 年，德雷克乘坐“金鹿”号，率领一支小舰队起航了。他不仅与猛烈的暴风雨搏斗，还与西班牙舰队战斗。1580 年，德雷克返航时，不仅带回了大量的财富，还成为世界上第二名成功完成**环球航行**的船长。

“金鹿”号原名“鹈鹕”号。

“金鹿”号

海上人生

在有些人眼中，德雷克是英雄，但在另外一些人眼中，他却是恶棍。德雷克凭借自己的努力被封为爵士，成为著名的**弗朗西斯·德雷克爵士**。后来，他在击败西班牙无敌舰队（一支由 130 艘船组成的远征英国的西班牙舰队）的过程中又发挥了重要的作用。

起了个绰号，叫作“**猛龙**”。

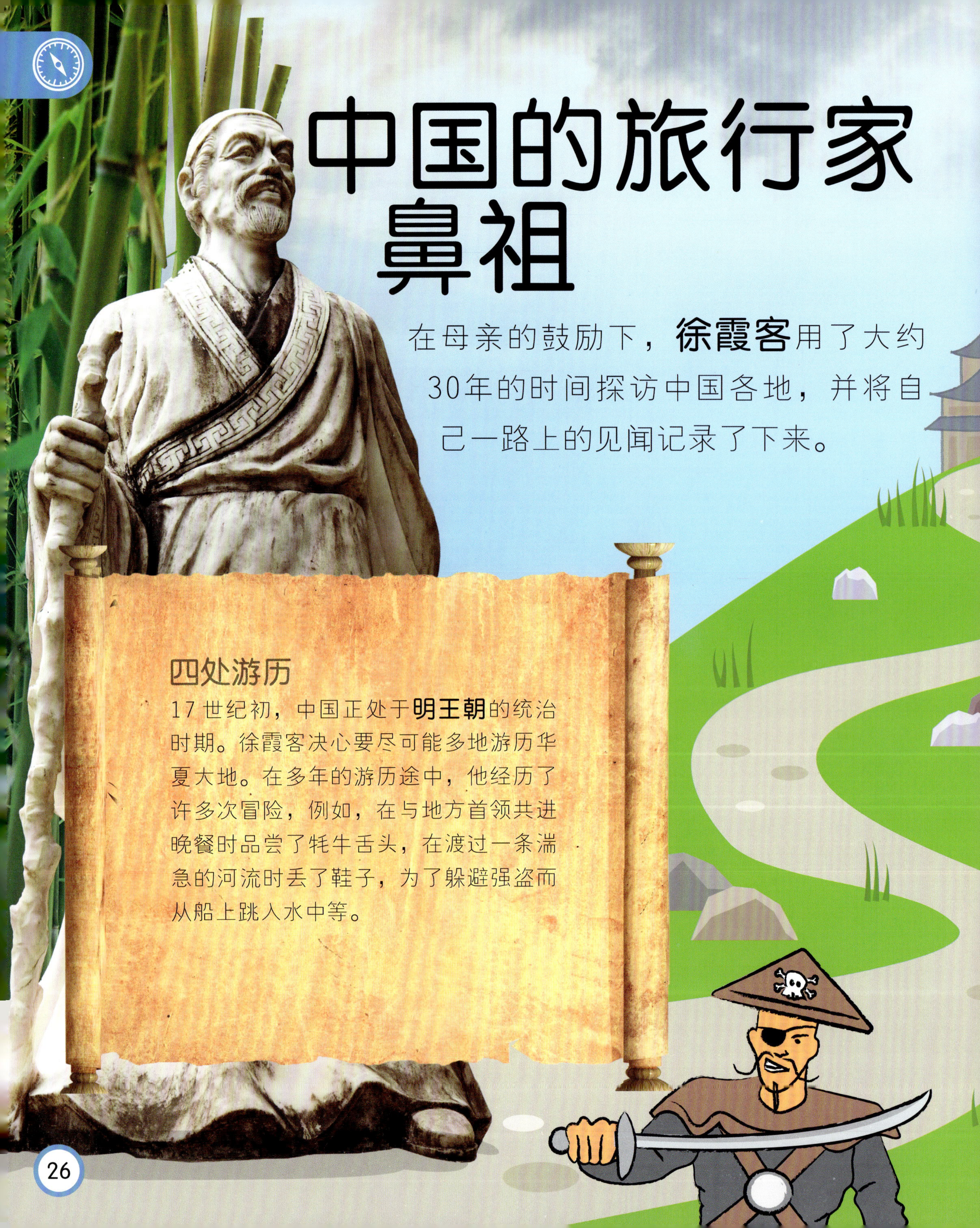

中国的旅行家鼻祖

在母亲的鼓励下，**徐霞客**用了大约30年的时间探访中国各地，并将自己一路上的见闻记录了下来。

四处游历

17世纪初，中国正处于**明王朝**的统治时期。徐霞客决心要尽可能多地游历华夏大地。在多年的游历途中，他经历了许多次冒险，例如，在与地方首领共进晚餐时品尝了牦牛舌头，在渡过一条湍急的河流时丢了鞋子，为了躲避强盗而从船上跳入水中等。

遭遇强盗

虽然徐霞客很享受自己的冒险经历，但也会遇到许多**困难**。他经常遭遇强盗的抢劫，因而被迫乞讨或依靠好心人的救助果腹。有一次，他还通过帮别人读诗来换取**蘑菇**！

热爱野外环境

徐霞客热爱**大自然**。他可以为了听飘雪的声音而静静地坐一整天，还喜欢沿着河流逆流而上，追溯其源头。他经常到人迹罕至的地方探险，甚至曾深入一个传说有**龙**出没的洞窟去一探究竟。

《徐霞客游记》

我们之所以能够了解徐霞客的旅行经历，是因为他每天都会写日记。他的日记对绘制中国地图，以及记录无人涉足之地的历史都有很大的帮助。这些日记最终被整理成**《徐霞客游记》**。

5月19日是徐霞客写下第一篇游记的日期。如今，每年的5月19日成为中国的旅游日。

伟大的旅行

一群英国清教徒由于自己的信仰在本国遭到禁止，而不得不重新寻找安身之处。1620年，他们乘船前往北美洲，探寻**新的生活**。

艰险的征途

1620 年 11 月，在大西洋上航行了 66 天的清教徒们，抵达北美洲东海岸的马萨诸塞湾。他们在海上经历了暴风雨和各种艰难困苦，但困难并没有随着登陆而结束。他们在寒冷的天气中挣扎，**食物短缺**且**无处安身**。

援助之手

清教徒们的定居点位于美洲原住民**万帕诺亚格部落**的领地内，部落首领马萨索伊特派人迎接了他们。看到清教徒们苦苦挣扎求生，原住民们传授给他们种植玉米、捕鱼和狩猎的技巧。

当年，清教徒们捕杀野生火鸡作为食物，现在火鸡仍是感恩节大餐的传统菜肴。

第一个感恩节

在美洲原住民的帮助下，清教徒们在新家园挺过了第一年。1621 年秋，在自己种植的庄稼收获后，他们邀请马萨索伊特首领和万帕诺亚格部落的原住民们**共享盛宴**——这就是第一个感恩节。

如今，每年11月的第四个星期四被美国人定为**感恩节**。

乔装旅行的植物学家

这位杰出的女植物学家**乔装**成男人，成为世界上第一位完成环球航行的女性。

植物学家是专门研究植物的科学家。

让娜·巴雷

菲利贝尔·肯默生

初出茅庐的植物学家

让娜·巴雷是法国植物学家菲利贝尔·肯默生的女管家，她真正的爱好也是**研究植物**。18 世纪 60 年代，探险家路易-安托万·德·布干维尔邀请肯默生与他一起进行科学航行。肯默生希望带上巴雷，但是当时的法国海军**禁止**女性登船。

路易-安托万·德·布干维尔

男人的世界

他们俩想出来一个可以使巴雷偷偷登船的计划——把她**乔装成男人**，化名让。抵达**南美洲**后，他们花了数年的时间，对成百上千种植物进行收集和分类。

第一位女性

在那个时代，大多数女性都没有机会离开自己的家乡，但巴雷却突破了束缚，实现了自己的梦想。她成功**周游了世界**，不仅为植物学做出了巨大的贡献，还创造了历史。遗憾的是，数百年来，她都没有得到自己应得的荣誉。

让娜·巴雷成为第一位完成环球航行的女性！

大自然的呼唤

这位德国科学家追逐梦想，并将自己的科学研究经历付诸笔端，给未来的科学家们献上了一份伟大的**礼物**。

亚历山大·冯·洪堡

自然界

18世纪晚期，科学家们开始到新的大陆探索，寻找未知的动植物。**亚历山大·冯·洪堡**从孩童时代起就有探索世界的梦想。他致力于**收集植物、昆虫和贝壳**，并深知自己会将研究大自然作为毕生的事业。

艾梅·邦普兰

亚历山大·冯·洪堡

美洲历险

1799 年，洪堡和法国植物学家**艾梅·邦普兰**一同起航前往**南美洲**。他们用了五年的时间探索新土地、新动物和新植物。

任务清单：

- ✔ 攀登厄瓜多尔的钦博拉索山
- ✔ 为2740千米长的奥里诺科河绘制地图
- ✔ 发现数千种新的动植物物种

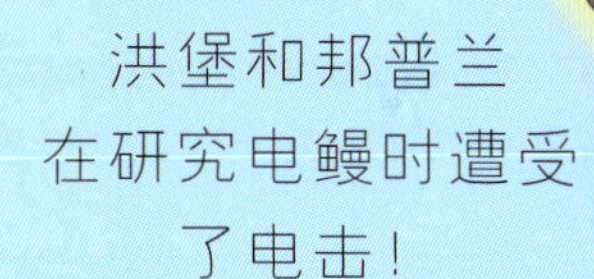

洪堡和邦普兰在研究电鳗时遭受了电击！

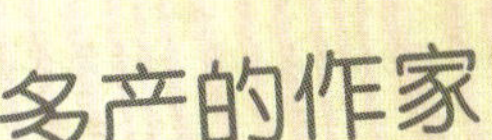

查尔斯·达尔文将洪堡称为“有史以来最伟大的旅行科学家”。

多产的作家

1804 年，洪堡迁居法国巴黎，并花了 20 年的时间撰写自己的科学发现。他所收集的资料最终汇集成 **34 卷**著作！这些著作激励了查尔斯·达尔文等许多年轻的科学家，继承他的自然科学事业。

海盗女王

郑石氏是一支庞大的海盗舰队的首领，是海上最强权、最令人闻风丧胆的女海盗。

郑石氏

扬帆起航

1801 年，郑石氏嫁给了**红旗帮海盗舰队**的首领郑一。在嫁给郑一之前，她已经确保自己可以分享丈夫的财富和权力。

对于郑石氏的身世，人们迄今知之甚少。古代中国女性结婚后会被冠以夫姓，称为某（夫姓）某（父姓）氏。郑石氏父姓“石”。

郑石氏被认为是历史上

威震南海

丈夫去世后，郑石氏成了海盗舰队的**唯一首领**。郑石氏是非常严厉的领导者，给海盗们制定了一系列规则。她也因此成为强大的海盗女王，屡次击败官兵的征讨。

郑石氏统领着1800多艘船，以及大约7万名海盗！

颐养天年

1810年，郑石氏被招安。她与当时的皇帝达成了协议，以自由之身还乡，开了一家赌场。郑石氏被人们称为历史上最**令人闻风丧胆**的海盗女王。

最成功的海盗之一。

绘制澳大利亚地图

这是一位**被遗忘的英雄**，是第一个成功环绕澳大利亚大陆航行的澳大利亚原住民。他为澳大利亚地图的绘制做出了重要的贡献。

班加利

马修·弗林德斯

探险者

19 世纪初，英国船长**马修·弗林德斯**因环绕澳大利亚航行并绘制了地图而闻名于世。然而，马修的向导、澳大利亚原住民**班加利**却鲜为人知。1798 年，这两位探险家在前往澳大利亚海岸外的一座岛屿的航行中相遇，并成为朋友。

弗林德斯在回忆录中写道：班加利对船上的猫——特里姆，十分喜爱和友善。

班加利的绰号叫作“班加利国王”。

班加利天生就是一位表演艺术家，喜欢用模仿的方式逗大家开心。

史诗般的旅程

1802 年，弗林德斯邀请班加利加入他的帆船“调查者”号。他们从悉尼出发，开启了环绕**澳大利亚**的探险旅程。班加利是船上唯一一名澳大利亚原住民，他所掌握的知识和经验是极为宝贵的。当探险队与沿海的原住民们剑拔弩张的时候，班加利的介入总能让局势缓和。在长达一年的旅程中，班加利扮演着朋友、翻译和外交官的角色。

悉尼

浓墨重彩的一笔

这次史诗般的探险旅程非常重要。它记录了完整的澳大利亚海岸线，甚至包括许多之前未被测绘的海域。弗林德斯与班加利的探险旅程催生出第一张完整的**澳大利亚地图**。

探索美国内陆

1803年，美国政府从法国人手中购买了一块名叫路易斯安那的土地。由于人们对这片土地所知甚少，一位名叫**梅里韦瑟·刘易斯**的美国陆军上尉被派去进行考察。

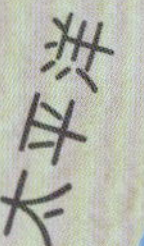

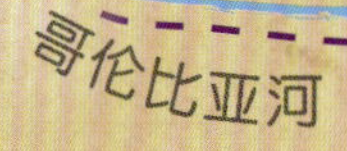

旅途中

这次旅程充满了各种危险。有些人生病了，有些人遭到了凶猛的**灰熊**的袭击，还有些人与原住民发生了冲突。

踏上征程

刘易斯邀请朋友**威廉·克拉克**中尉与自己一同探险。刘易斯和克拉克召集了一批志愿者，从密苏里州的圣路易斯市起程，**向西进发**。他们的目标是探索路易斯安那，寻找一条通往太平洋的路，建立贸易路线，并与该地区的原住民进行接触。

威廉·克拉克

梅里韦瑟·刘易斯

任务完成

这次旅程也并非一无是处。他们在途中与一部分**美洲原住民**建立了长久的友谊，发现了许多新的动植物物种，绘制了大片地区的地图。1805 年 11 月，他们终于抵达太平洋海岸。

返程

抵达目的地后，探险队开始返程。返程的途中，刘易斯和克拉克又**分头**去探索新的地域。1806 年 9 月，他们回到了家乡，不仅得到了双倍的报酬，还拥有了自己的土地。

刘易斯和克拉克雇用了翻译来帮助他们与美洲原住民交流。

领路人

如果少了某个人的帮助，刘易斯和克拉克的著名远征就不可能完成。这个人就是美洲原住民**萨卡加维亚**女士。

除了帮助刘易斯和克拉克，萨卡加维亚还需要在旅途中照顾自己的孩子！

领航员

刘易斯与克拉克明白，他们需要一位向导和翻译来帮助他们在路易斯安那探险。萨卡加维亚正是最适合的人选。萨卡加维亚熟悉这片土地，能帮助他们与当地的美洲原住民打交道，因此克拉克把她称作探险队的**“领航员”**。

萨卡加维亚生于肖肖尼部落。

亲人团聚

在旅途中，有一次萨卡加维亚被委派与当地的一位酋长交谈，结果发现这位名叫卡米亚韦特的酋长正是她失散多年的**兄弟**！酋长送了她几匹马，帮助她远征。

梅里韦瑟·刘易斯

威廉·克拉克

刘易斯与克拉克十分感激萨卡加维亚的英勇行为，于是以她的名字命名了这条河！

抢救

萨卡加维亚至关重要的地方，不仅在于她对该地区的了解及她作为翻译的角色，在其他方面，她也对远征的成功起了关键作用。有一次，远征队沿着河流航行时，巨浪几乎掀翻了他们的船。萨卡加维亚**潜入水中**，才抢救出地图、药物等重要物资。

失落之城

一千多年间，对于世界上大多数人而言，失落之城佩特拉（位于今约旦境内）的具体位置一直是一个**谜**，直到近代它才被重新发现。

石城

佩特拉始建于公元前 300 年前后，是一座在岩石上凿刻出的城市，曾是纳巴泰王国的首都。作为当时的贸易中心，佩特拉曾经繁荣了数百年。后来，它因地震而受到了严重的破坏，于 663 年**被遗弃**。

粉红色的砂岩岩壁为佩特拉赢得了“玫瑰之城”的美称。

纳巴泰人多能工巧匠，他们建造了精致的住宅和漂亮的花园。

刻在岩壁上的古城

佩特拉由雕刻在**陡峭岩壁**上的精美建筑组成。“佩特拉”(Petra)一词源于希腊语，意思是“岩石”。这座古城到处是陵墓、寺庙、住宅及其他历史遗迹。

重新发现

1812年，瑞士探险家**约翰·路德维格·布尔克哈特**成为第一个重新发现这座神秘古城的外来者。佩特拉被群山环绕，只有通过一条叫作西克的小峡谷才能抵达，这也是它能够隐藏如此之久的原因。

佩特拉古城的大部分仍埋在地下，尚未被发掘。

西克峡谷

北极点之争

关于谁是最早到达北极点的人，至今仍有争议。**两位探险家**都声称自己才是第一个到达地球最北端的人。

通往北极的探险之路

许多探险家长期以来都把到北极点探险视为自己的目标。然而，这个目的地**充满了危险**。那里气温极低，多浮冰和强风，甚至还有极具破坏性的风暴。许多挑战者都在前往这个偏僻荒凉之地的途中丢掉了性命。那么，谁才是第一个到达那里的人呢？

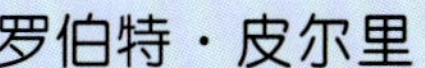

我有照片证明我是第一个到达北极点的人。

弗雷德里克·库克

但我比你早到了一年！

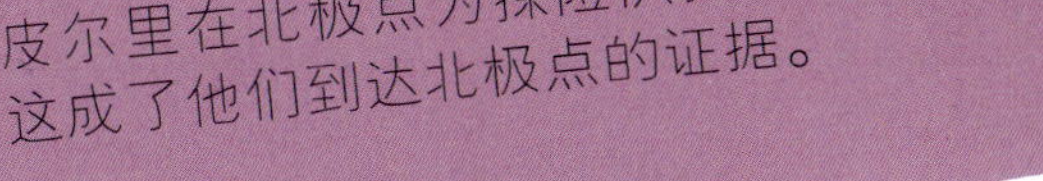
皮尔里在北极点为探险队拍了一张照片，这成了他们到达北极点的证据。

皮尔里的坚持

从 1891 年开始，美国探险家**罗伯特·皮尔里**先后三次尝试前往北极点探险。在第四次前往北极点探险的途中，他被严重冻伤，因此失去了八根脚趾。1909 年 4 月，他最终宣布与助手**马修·亨森**及四名**因纽特人同伴**一起成功抵达北极点。

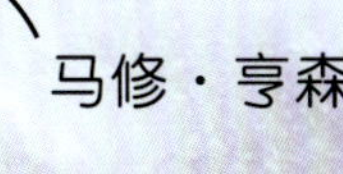

竞争者

皮尔里返程后，发现同为美国探险家的**弗雷德里克·库克**声称自己一年前就到达过北极点。然而，他们两人的说法均无法得到明确证实。有些专家对皮尔里第一个抵达北极点表示怀疑，因为他们认为皮尔里的旅行细节不可信。而库克也被指控造假，因为他是在一年后才公布自己抵达北极点的。或许，真相永远不会为人所知。不过，第一个能被证实抵达北极点的人是 1968 年乘坐雪地车到达北极点的美国探险家**拉尔夫·普莱斯特德**。

近年来，人们先后乘坐飞机、飞艇，甚至潜艇抵达过北极点。

南极点之争

在这场抵达地球上**极寒之地**的竞赛里，一位勇敢的探险家取得了历史性的胜利，而他的竞争对手却付出了生命的代价。

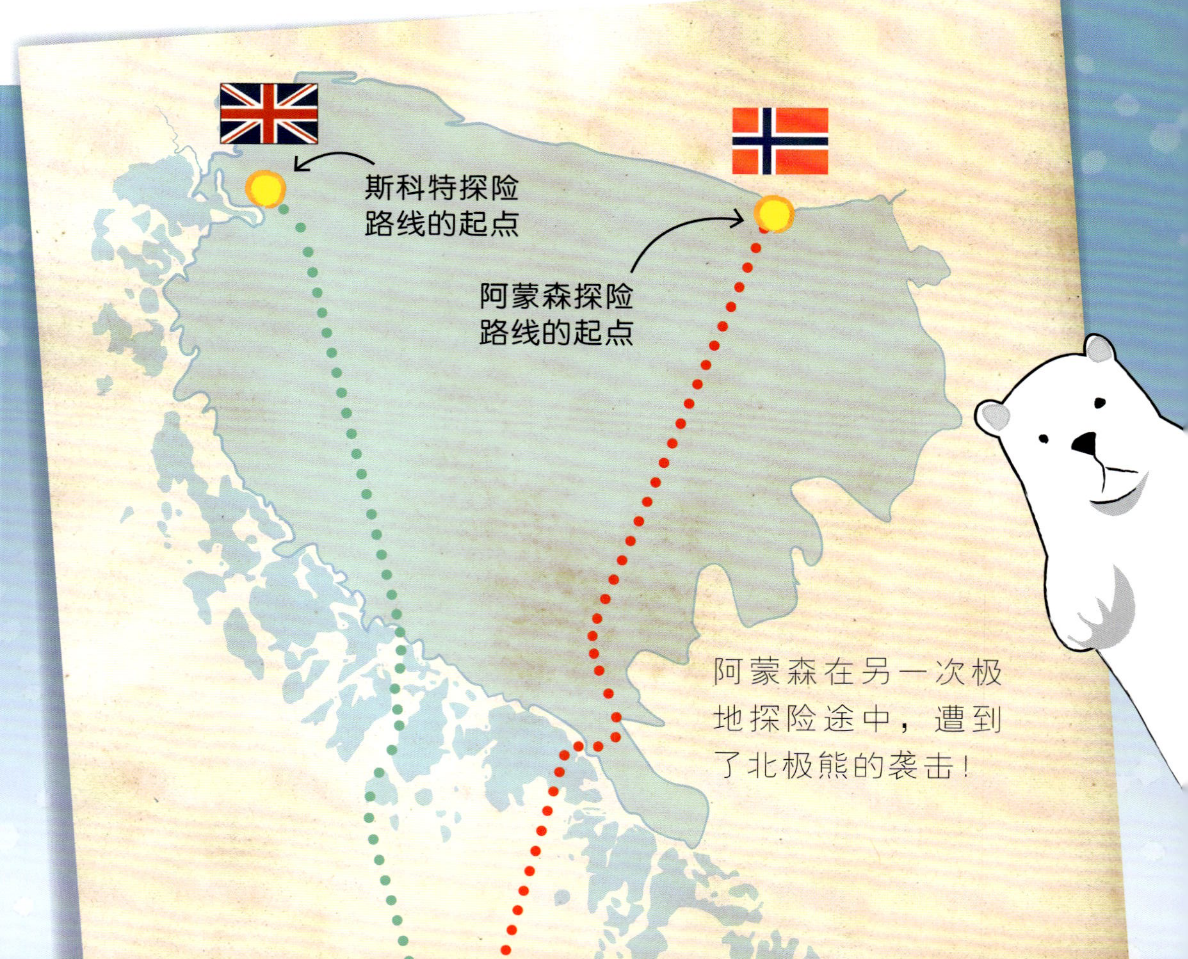

冰封的荒原

南极洲是地球上最冷、最干燥、风最大的地方。去那里旅行会面临许多挑战。尽管如此，在20世纪初，抵达南极点仍是许多探险家的**终极目标**。1911年，两支探险队分别沿着不同的路线向**南极点**进发。

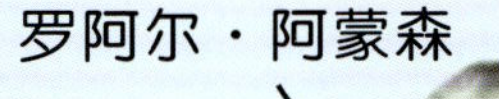

阿蒙森探险队从出发到抵达南极点，再到安全返回大本营，一共花了99天。

冰上竞赛

挪威探险家**罗阿尔·阿蒙森**与四名同伴一起，带着四辆雪橇和52只狗起程了。大约同一时间，英国探险家**罗伯特·福尔肯·斯科特**同样带了四名同伴起程，他们身后拖着这次旅行的补给。两支队伍分别奋斗数周，穿过了危险的冰川、光滑的冰盖，并克服了极低的温度。

历史性的胜利

1911年12月14日，阿蒙森抵达南极点，并在那里插上了挪威国旗。1912年1月17日，斯科特也到达了南极点，但却发现自己被打败了。阿蒙森带领他的探险队安全返回了大本营，但斯科特和队友们却在返回的途中遇到了恶劣的天气和环境状况，不幸丧生。

阿蒙森的优势

阿蒙森的探险队使用了因纽特人的生存技巧。他们用动物皮毛来保暖，用狗拉沉重的雪橇来减轻负重。虽然斯科特探险队在这次竞赛中失败了，但他们仍然是**勇敢的探险英雄**。

困于冰中

在极地探险时代，这位**勇敢的探险家**经历了一次不同寻常的探险之旅，并因此成为英雄。

欧内斯特·沙克尔顿

半途而废的尝试

爱尔兰探险家欧内斯特·沙克尔顿的使命是成为第一个到达**南极点**的人。他在 1901 ~ 1908 年进行了两次尝试，但最终都被迫放弃。然而，这些探险经历让他终生痴迷于南极洲。

“坚忍”号

沙克尔顿家族的座右铭是“**唯有坚忍，征服一切**”。

新计划

1911 年，得知挪威探险家罗阿尔·阿蒙森成为第一个抵达南极点的人之后，沙克尔顿为自己设立了一个新目标。他计划抵达南极点后再穿越整个南极大陆。1914 年，他与 28 名船员一起乘坐“**坚忍**”号启程了。

注定艰难的航行

“坚忍”号**被困冰中**十个月后沉没了。船员们利用浮冰和救生艇抵达了象岛。抵达象岛后，沙克尔顿又带领五名船员穿越惊涛骇浪、翻山越岭，展开求救行动。他们的英勇无畏最终使所有船员获救。

虽然沙克尔顿的探险之旅以失败告终，但他却因为拯救了所有船员以及从未停止追逐梦想的脚步，而作为英雄被铭记。

古埃及被人们铭记的原因有许多，其中之一就是被称作“法老”的国王。

图坦哈蒙的陵墓

1917年，一支由考古学家组成的队伍，开启了寻找古埃及法老**图坦哈蒙**的陵墓的旅程。

霍华德·卡特

神秘的国王

在1922年之前，人们对图坦哈蒙知之甚少。许多专家认为，他的陵墓可能永远都不会被找到。然而，英国考古学家**霍华德·卡特**却不认同这个观点，并开始在埃及的帝王谷中进行发掘。

秘密石阶

卡特与他的团队花了六年的时间苦苦寻觅，希望能有重大发现，然而却一无所获。1922 年，他们偶然发现了一段秘密石阶。经过清理后，他们**发现**了一扇门。门后面，正是这位少年国王从未被侵扰过的墓室。

珍宝

被埋葬的珍宝

墓室里埋藏着数千件珍宝，3000 多年来它们从未**被发现**。墓室中的许多物品都是用黄金打造的，装饰十分精美。其中有一副金棺，躺在里面的正是图坦哈蒙。该陵墓被发现后，图坦哈蒙便成了最著名的古埃及法老。

攀登巅峰

1953年，埃德蒙·希拉里与丹增·诺尔盖做成了一件许多人尝试过，但都以失败而告终的事情。他们登上了世界最高峰——**珠穆朗玛峰**的峰顶。

希拉里

新西兰的埃德蒙·希拉里 16 岁时参加了一次学校组织的滑雪旅行，从此爱上了雪和登山。仅仅四年后，他就成功登上了新西兰的奥利维尔山，随后又征服了新西兰最高峰库克山。然而，他的**梦想**是登上珠穆朗玛峰。

诺尔盖

诺尔盖在喜马拉雅山脉附近长大，从小就喜欢爬山。在遇到希拉里之前，他也曾带着装备进行过数次登山探险，还于 1935 年尝试攀登过珠穆朗玛峰。他的经历使他成为希拉里的完美**搭档**。

如今，每年大约有1000人尝试登上珠穆朗玛峰的峰顶。

攀登

1953年，希拉里、诺尔盖与另外两名登山者开始向珠穆朗玛峰峰顶攀登。由于氧气罐出现问题，另外两名登山者半途折返，希拉里和诺尔盖则继续前进，并于1953年5月29日**登上峰顶**。

"珠穆朗玛"在藏语中的意思是"第三女神"。

传奇

希拉里和诺尔盖因此举世闻名，并获得了无数的荣誉。他们利用自己获得的荣誉和财富**帮助**其他攀登珠穆朗玛峰的人。此外，他们还参与了许多慈善工作，例如帮助尼泊尔人。

希拉里被英国女王伊丽莎白二世授予爵位时获得了这枚勋章。

太空第一人

20世纪五六十年代，美国和苏联在载人航天领域展开了竞赛。这是一项十分危险的任务，需要一位健康、勇敢，并且在压力下能够保持冷静的人去完成。就在这时，**尤里·加加林**登场了。

"东方"1号飞船

首选

为了完成这项任务，苏联人建造了一艘名为**"东方"1号**的特殊飞船，另外还需要一位航天员驾驶这艘飞船。经过重重考验后，他们从154名测试人员中选出了一名年轻的飞行员，他就是尤里·加加林。

为了完成这项任务，加加林必须像奥林匹克运动员一样刻苦训练。

发射

1961年4月12日，“东方”1号飞船载着加加林**发射升空**。随着“东方”1号逐渐上升，它的一些部件自动脱落，以减轻重量。大约10分钟后，加加林坐在特殊的座舱内，开始绕地球飞行。他们成功了！

“东方”1号座舱

返回地球

加加林绕地球飞行了108分钟，他通过无线电与地球上的工作人员通话。返航时，“东方”1号启动发动机，将座舱送回地球。加加林从座舱中弹出，利用降落伞安全地降落在今哈萨克斯坦境内。

加加林被认为是最伟大的英雄之一。俄罗斯首都莫斯科建有一座纪念他的雕像。

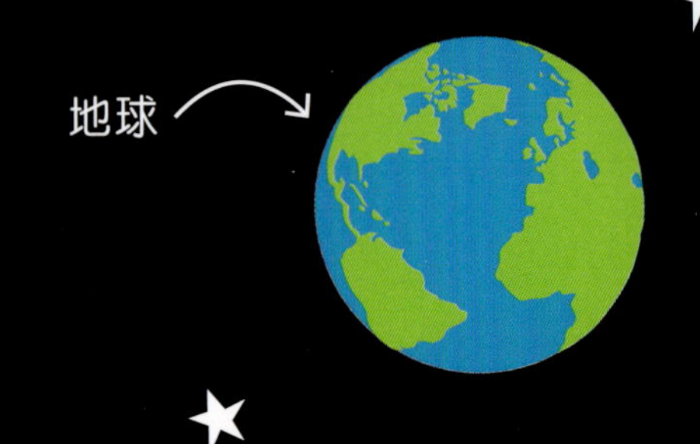

登月任务

人类一直都想知道，到另外一颗行星去旅行是什么样的感受，不过迄今为止还没有人尝试过。但是在1969年，有三个人做了一件勇敢的事情，**仅次于造访另一颗行星。**

“阿波罗计划”

20 世纪 60 年代，美国国家航空航天局一直致力于**“阿波罗计划”**——以登陆月球为目标的航天计划。1969 年年中之前，美国国家航空航天局已经发射了一系列“阿波罗”号飞船，但尚未将人类送上月球。

发射！

1969 年 7 月，“阿波罗”11 号在美国佛罗里达州的肯尼迪航天中心由“土星”5 号运载火箭发射升空。这是一项危险的任务，有三名航天员自愿参与，他们分别是**尼尔·阿姆斯特朗、巴兹·奥尔德林**和**迈克尔·科林斯。**

“这是一个人的一小步，
却是全人类的一大步。”
——尼尔·阿姆斯特朗

登月舱

巴兹·奥尔德林

尼尔·阿姆斯特朗

一小步

四天后，“阿波罗”11 号登月舱在月球着陆。任务指挥官尼尔·阿姆斯特朗成为**第一个**踏上月球表面的人类。他觉得月球表面的土壤“就像粉末一样”。巴兹·奥尔德林与他一起拍照并采集月球的岩石和土壤样本，而迈克尔·科林斯则在轨道上的指令舱中等待。

返回地球

他们在月球停留了不到 22 个小时，然后开始返回地球。惊人的历史性成就使三名航天员成为**英雄**，返回地球后，他们受到了热烈的欢迎。

“阿波罗”11号指令舱在太平洋上溅落。

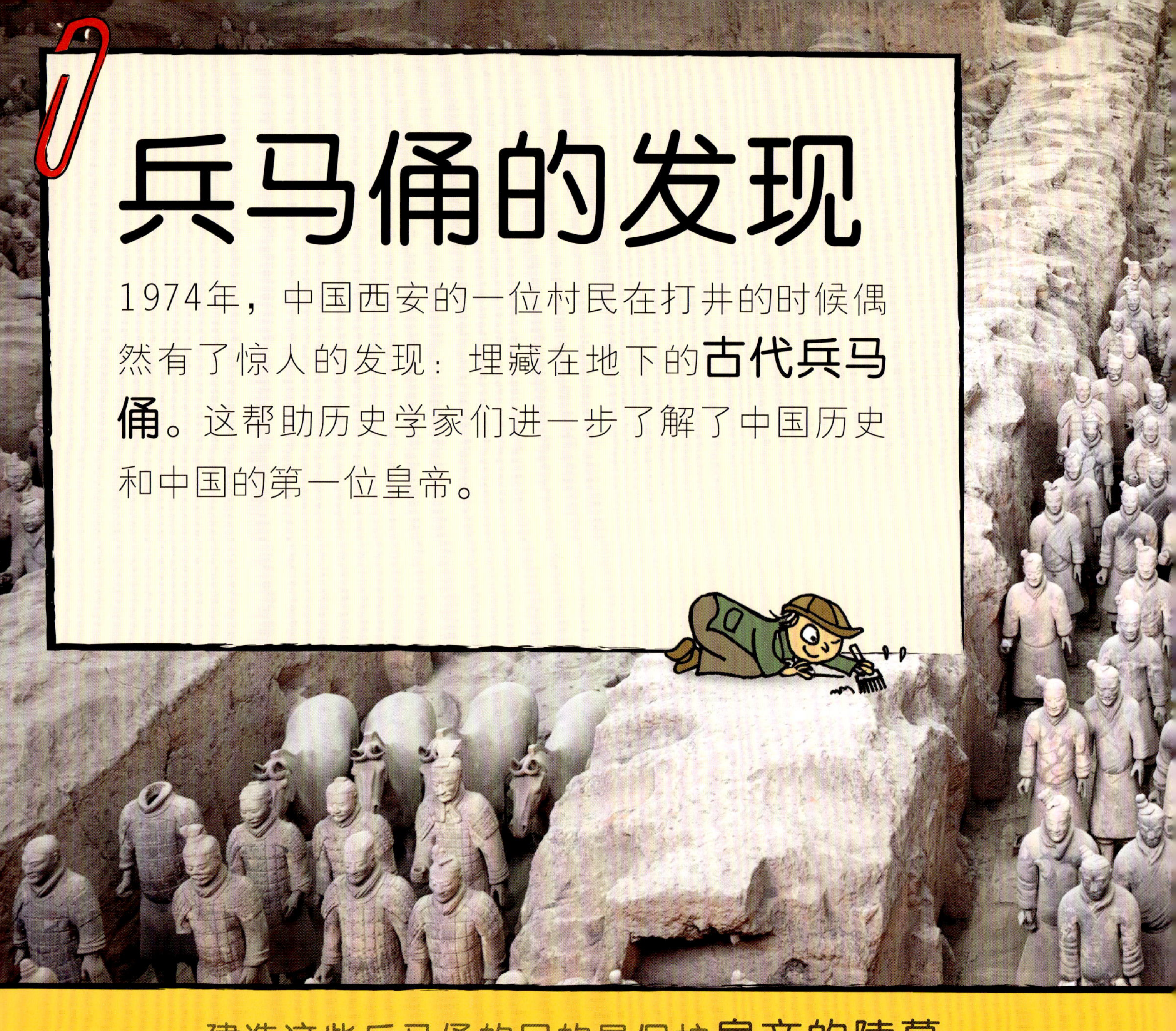

兵马俑的发现

1974年，中国西安的一位村民在打井的时候偶然有了惊人的发现：埋藏在地下的**古代兵马俑**。这帮助历史学家们进一步了解了中国历史和中国的第一位皇帝。

建造这些兵马俑的目的是保护**皇帝的陵墓**。

当听说有村民发现陶俑后，考古学家们立即赶到了现场。经过发掘，他们发现兵马俑的规模非常庞大，数量超过**7000个**，简直就是一支完整的军队。

这里不仅有士兵和战马的陶俑，还有战车。历史学家们推算，这些兵马俑建造于2200多年前，目的是保护**秦始皇**的陵墓，并在他**死后**继续守护他。

这些兵马俑是考古学历史上最重要的发现之一，也被称为“世界第八大奇迹”。

考古学家们花了许多年的时间发掘这些兵马俑。他们认为，古代人建造这些兵马俑大约用了30年的时间！

每个兵马俑的细节都令人惊叹。它们拥有不同的面部特征，携带真正的武器，并且曾经涂有鲜艳的颜色。

我自称为“始皇帝”，也就是“第一个皇帝”的意思。

战国时期，群雄割据。直至公元前 221 年，**秦王嬴政**灭亡了其他诸侯国，统一了中国。

嬴政希望自己的成就**永垂不朽**。于是，他为自己建造了一座巨大的陵墓，并用陶俑军队守护它。他认为这样就可以在死后继续自己的统治。

深入内陆的探险

澳大利亚沙漠是一个危险的地方，那里不仅昼夜温差巨大，降水十分稀少，而且还有许多致命的野生动物。**罗宾·戴维森**在决定独自完成横穿沙漠的挑战时，就了解了这一切。

探险精神

罗宾·戴维森 1950 年出生于澳大利亚。她童年的家靠近一条小溪，她经常将小溪想象成亚马孙河，并在那里探险。她儿时的**探险梦**有一天成了现实。

笛格蒂

骆驼女王

1977 年，这位**“骆驼女王”**带着四头骆驼和一只名叫“笛格蒂”的宠物狗起程了。他们在澳大利亚西部的沙漠中跋涉了九个月。在整个探险之旅中，戴维森依靠地图和夜空中的星星来定位和导航。

澳大利亚

起点

终点

戴维森花了许多时间向澳大利亚原住民学习沙漠中的生存本领。

最后，戴维森与她的骆驼和狗终于到达了印度洋海岸。他们高兴得跳入水中游泳！

骆驼适应沙漠的生活，因此被称为“沙漠之舟”。

永不停步

戴维森写了一本关于这次探险之旅的畅销书，并继续**旅行**和**写作**。她的作品大部分与四处迁徙、居无定所的**游牧民族**的生活有关。

成功的巅峰

任何一座高山都无法阻挡这位勇敢的攀登者**到达顶峰**！

追求高度

奥地利探险家**格琳德·卡尔滕布鲁纳**生于1970年。她的家乡群山环绕，她在那里学会了徒步和滑雪。后来，登山成为她的主要爱好。十几岁时，她开始攀登欧洲最著名的阿尔卑斯山，为后来迎接更大的挑战打下了基础。

卡尔滕布鲁纳13岁时就登上了海拔2028米的奥地利施图尔茨哈恩山。

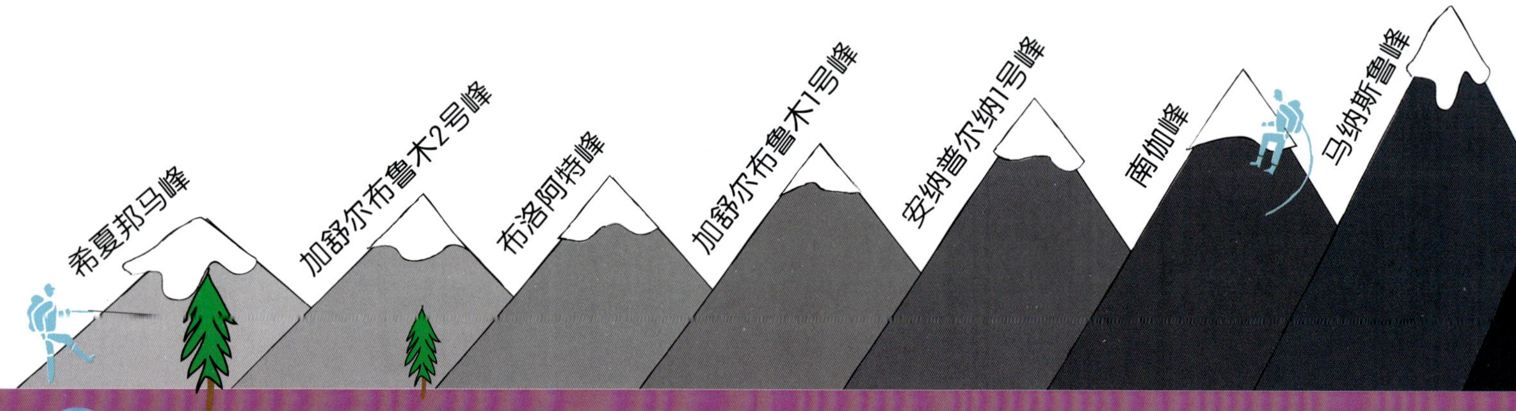

世界上14座海拔超过8000米的山峰都位于

最难的山峰

地球上有 14 座海拔超过 8000 米的山峰，卡尔滕布鲁纳决心将它们全部征服。虽然珠穆朗玛峰是世界最高峰，但**乔戈里峰**才是最难攀登的山峰。她先后尝试了七次才最终成功登顶乔戈里峰！

“攀登乔戈里峰是我迄今为止最精彩，但也是最艰难的一次探险。”
——格琳德·卡尔滕布鲁纳

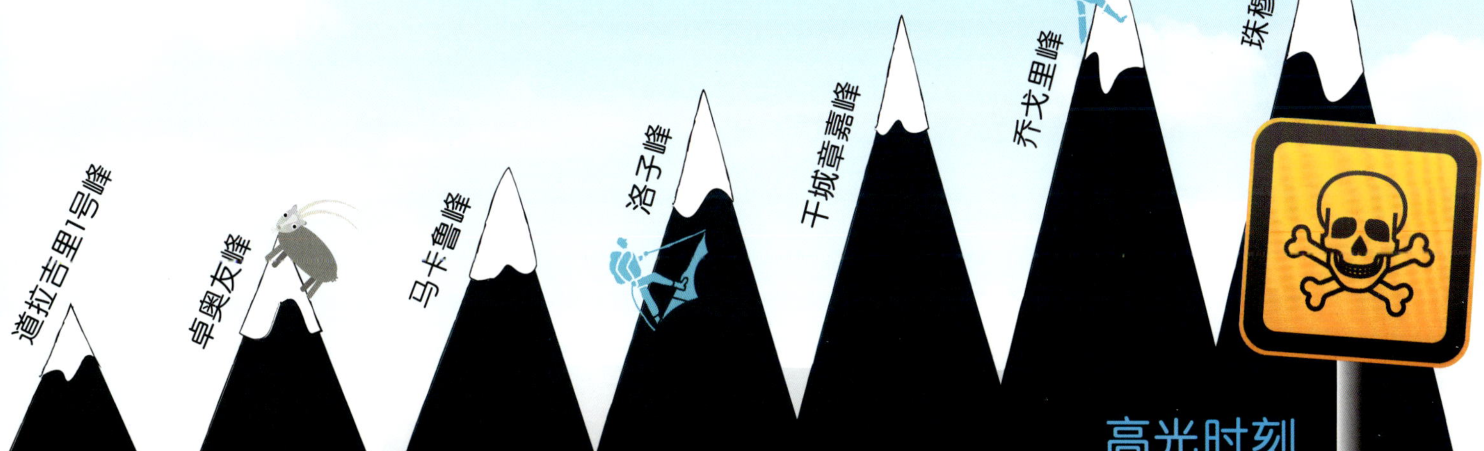

高光时刻

卡尔滕布鲁纳是第一位在不携带氧气瓶的情况下成功登顶 14 座高峰的女性。2012 年，她获得了年度探险家奖。虽然她发誓再也不攀登这些高峰了，但她仍喜欢去阿尔卑斯山爬山和滑雪。

亚洲的喜马拉雅山脉和喀喇昆仑山脉。

潜水的导演

在世界上尚未被探索的地方中，海洋占的比例最大。然而，有一个人曾成功到达了海底最深处——**马里亚纳海沟**。

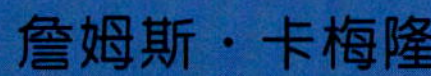

海洋勘探

加拿大电影导演**詹姆斯·卡梅隆**虽然以拍摄卖座电影而闻名，但他其实也是一位深海探险家。在专家团队的帮助下，他建造了一艘可以承受深海巨大压力的特殊潜艇——“深海挑战者”号。

“深海挑战者”号

独自下潜

2012年，“深海挑战者”号下潜至**太平洋**马里亚纳海沟上方。潜艇里只有卡梅隆一个人。当时，潜艇的罗盘无法正常工作，声呐系统也失灵了。在这样的情况下，他的潜艇仅用了两个半小时就垂直下潜到了海底最深处。

卡梅隆在拍摄电影《泰坦尼克号》和《深渊》时，曾在水下待过很长时间。

世界上最高的建筑物哈利法塔，高828米。

马里亚纳海沟的深度是世界上最高建筑物的13倍多。

柯氏喙鲸几乎是世界上下潜得最深的动物，最深可达2992米，但仍远远不及马里亚纳海沟深。

“深海挑战者”号

马里亚纳海沟的深度约为11000米。

非凡的成就

到达海底后，卡梅隆花了三个小时拍照和采集样本，然后安全返回水面。卡梅隆不仅创造了**单人潜水最深**的纪录，还激励了全世界的人们去探索海洋。

科学家与发明家

设想一下，你发现了一种可以改变世界的新技术，或者开发出了一种能够拯救数百万人生命的新药物。接下来，一起去见见那些以其独到的思想和非凡的成就改变**历史进程**的伟大人物吧！

数学天才

阿基米德最著名的是他在**洗澡时**迸发灵感的故事。他一生中创造出许多聪明的运算方法和令人鼓舞的发明，并因此被历史铭记。

我想到了！

王室的请求

阿基米德于公元前 288 年出生在古希腊。他很小的时候就对数学产生了兴趣，其才华有口皆碑。叙拉古的希伦二世国王让阿基米德解决一个非常棘手的问题——检验王冠是由**纯金**打造的，还是被金匠在里面掺了银。

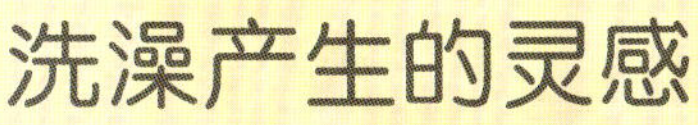

洗澡产生的灵感

最初，阿基米德也无计可施。直到有一天他坐进浴盆，看到水从浴盆中溢出。传说他当时立刻从浴盆中跳了出来，大喊：**“我想到了！”**阿基米德意识到，如果王冠真是由纯金打造的，那么将王冠放入水中后，溢出的水会与放入相同质量的金条溢出的水一样多。他的这个方法最终检验出王冠不是纯金的！

月球上有一座环形山是以阿基米德的名字命名的。

阿基米德石弩

不朽的遗产

阿基米德继续产生新想法，创造**新发明**，例如石弩和滑轮。滑轮至今仍被人们广泛使用。

阿基米德不仅是一个数学天才，他还喜欢诗歌、美术和音乐。

阿基米德滑轮

印刷先驱

想象一下，如果我们看到的大部头图书都是用手书写的，而且同样的内容还需要一遍一遍地重复书写，那是多么辛苦啊！在德国发明家**约翰内斯·谷登堡**发明印刷机来完成这项艰苦的工作之前，许多书都是手写的。

巧妙的发明

谷登堡印刷机的工作原理是将纸压在排好版，并且涂有墨的字母块上。这使印书比手工抄写书**快**了很多。但是由于经济原因，他不得不借钱来制造印刷机。

字母块

约翰内斯·谷登堡

活字印刷最早出现于中国，比谷登堡的印刷机早了大约400年。

谷登堡印刷机

印刷革命

1455 年，使用谷登堡印刷机印刷的**《圣经》**是第一种批量印刷的图书。有了谷登堡印刷机，人类的思想才得以被快速复制和传播。

谷登堡《圣经》

穷困的印刷工

虽然谷登堡的发明改变了世界，但他却没能从中**赚到钱**。由于无法偿还债务，他的生意被债主接管了。谷登堡虽然仍在继续印刷图书，但他的名字却从未出现在这些书上。

被囚禁的天文学家

这是一位杰出的科学家。他的发现足以**改变历史的进程**。然而，并不是每个人都喜欢他说的话……

伽利略·伽利莱

看星星

1564 年，意大利科学家伽利略·伽利莱出生。那是一个发明和发现频出的时代。他对用于探查敌舰的**望远镜**产生了兴趣，并在此基础上设计了用于研究太空的天文望远镜。

伽利略一次又一次地在世界上留下自己的印记。他是历史上最伟大的科学家之一。

伽利略观察到了月球上的陨石坑

木星的卫星

还有更多、更多

不同的思想

当时，地球被认为是宇宙的中心，但一位名叫**尼古拉·哥白尼**的波兰天文学家却认为所有行星都在围绕太阳运行。在观察到水星和金星围绕太阳运行之后，伽利略意识到哥白尼是正确的，地球也是围绕太阳运行的。

被软禁在家中的伽利略

改变思想

这一发现具有革命性的意义。地球不是宇宙的中心，这种说法很难被当时的人们接受，并且与宗教教义相悖。伽利略的发现被禁止发表，但他最终还是将其公之于众。虽然后来事实证明伽利略是对的，但他还是被逮捕了，并在**软禁**中度过了余生。伽利略被囚禁在自己的别墅里。虽然他不能离开别墅，但却被允许接待访客。他的访客中有许多诗人和哲学家。

天文探险之旅

在人类的历史长河中，彗星经常出现在夜空中。然而，在**埃德蒙·哈雷**做出重大发现之前，人们对彗星的了解十分有限。

天才

埃德蒙·哈雷是英国天文学家和数学家，生于1656年。哈雷从小就对数学和科学着迷，尤其对**彗星**非常痴迷。他花了大量的时间来研究彗星。

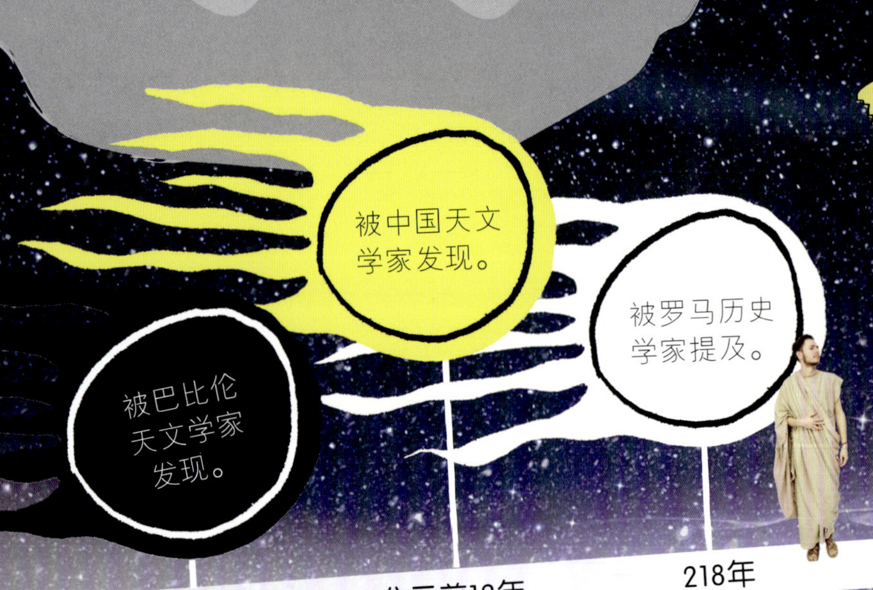

被记载在贝叶挂毯上。

公元前164年 公元前12年 218年 1066年 1301年

被意大利画家绘在作品上。

通过哈雷的发现，我们可以回顾过去，追溯人类所记录的哈雷彗星的历史。

再次出现

在阅读过 1531 年和 1607 年关于彗星的相关报道后，当哈雷在 1682 年看到彗星时，他意识到这实际上是一颗反复出现的彗星。根据计算，他发现这颗彗星也围绕太阳运行，它每 75 ~ 76 年在自己的运行轨道上与地球相遇。

太阳

地球

预测未来

正如哈雷所预测的，这颗彗星在 1758 年再次出现。遗憾的是，哈雷于 1742 年去世，无法再次亲眼看到它。为了纪念哈雷，这颗彗星被命名为**哈雷彗星**。

被哈雷观测到。

第一次以照片的形式被记录下来。

哈雷彗星的下一次回归！

1682年

1758年

1910年

1986年

2061年

再次出现，证明哈雷的预言是正确的。

上一次经过地球。

具有开创性贡献的植物学家

痴迷于研究植物和大自然的瑞典科学家、旅行家**卡尔·林奈**，对植物学产生了巨大的影响。

投身植物学

在卡尔·林奈生活的时代，大多数药物都提取自植物。林奈的志向是成为一名**医生**，因此在大学期间，他能够钻研自己真正热爱的领域——植物学。

多样化的发现

林奈游遍了拉普兰和瑞典周边，记录下他在这些地方发现的所有植物。他发明了一种叫作双名法的生物分类方法，并用这种方法为植物**分类**。1735 年，林奈的第一本著作《自然系统》出版。

在林奈的书中，动物和植物是依据其相似程度来排序的。

《自然系统》中的插图

林奈用他不喜欢的人的名字来命名无用的杂草！

成绩斐然

在执教后，林奈和他的学生们为寻找新的植物种类而进行了更多的旅行。他的《自然系统》首次出版时只有 **12 页**，但后来他们发现了很多植物种类，以至于这本书的第 12 版竟有 **2400 页**！林奈发明的**生物分类系统**至今仍在使用。

林奈在瑞典的花园里给植物分类。

闪亮的电火花

在微风的日子里放风筝是一件十分有趣的事情。但是，这位美国**电学**爱好者却冒着生命危险在雷电中放风筝，以证明他的开创性理论。

书虫

本杰明·富兰克林出生于1706年，是家里17个兄弟姐妹中最小的男孩。他虽然没有上过几年学，但是却十分喜爱读书，并从阅读中获得了丰富的知识，尤其是科学知识。

"在我所有的发明中，玻璃琴给我带来了最大的满足感。"
——本杰明·富兰克林

弹奏玻璃琴的富兰克林

完美风暴

在 1752 年的一个暴风雨天，富兰克林来到室外放风筝，风筝线上系着一把金属钥匙。当时，不仅大雨倾盆，而且电闪雷鸣，雷声震耳欲聋。风筝升空后，富兰克林发现钥匙上电火花飞溅。这是一个危险的实验，但它证明了**闪电**是电的一种形式。

发明及其影响

富兰克林通过研究闪电发明了**避雷针**，可以保护建筑物免遭雷击。不仅如此，他还是一个多才多艺的人，在其他方面也有许多发明，比如**玻璃琴**、安全火炉和双焦眼镜。

富兰克林的头像被印在100美元面值的钞票上。

富兰克林还有许多开创性的"第一"称号。例如，他建立了美国的第一座图书馆，创办了宾夕法尼亚州的第一所大学。

计算机之母

世界上第一台可以进行运算的机械计算机是由英国科学家查尔斯·巴贝奇设计的。然而，第一个意识到它可以做到更多的人却是**埃达·洛夫莱斯**。

埃达·洛夫莱斯

遇见巴贝奇

洛夫莱斯生于1815年。她非常聪明，致力于研究数学和科学，这些都是当时大多数女性不被允许学习的科目。1833年，洛夫莱斯的一位老师介绍她认识了**查尔斯·巴贝奇**。他们很快成了好朋友。

分析机

巴贝奇设计了几种计算机：一种是差分机，能够处理基本的数学运算；另一种是分析机，能够处理更复杂的计算。意大利工程师路易吉·费代里科·梅纳布雷亚曾写过一篇关于分析机的文章，巴贝奇请洛夫莱斯将其**翻译**成了英文。

洛夫莱斯的笔记

洛夫莱斯在翻译这篇文章时，对如何为这台机器设计运算程序有自己的想法，并将自己的设计补充在了文章中。许多人认为这就是第一个计算机程序，洛夫莱斯因此成为世界上第一个**计算机程序员**。每年10月的第二个星期二被定为埃达·洛夫莱斯纪念日。

后来，洛夫莱斯觉得可以利用自己的数学运算能力帮助自己赢得赌注，但没有成功。

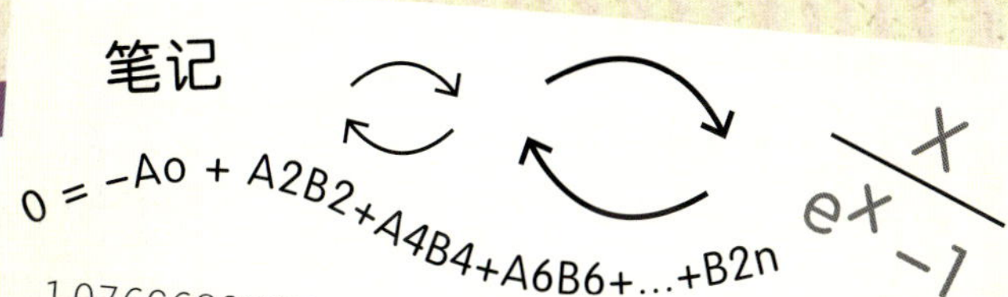

英雄所见略同

19世纪，关于动物为什么会随着时间而进化，以及它们是如何进化的，有两位科学家提出了**相同的观点**。

达尔文的发现

在环游世界的航行中，英国科学家**查尔斯·达尔文**造访了南美洲西部的加拉帕戈斯群岛。他发现了一个很有趣的现象，不同岛屿上的许多相同种类的动物，例如鸟和龟，外形上都略有不同。

我是蓝脚鲣鸟。达尔文造访加拉帕戈斯群岛时对我进行过研究。

新理论

达尔文回到家乡后，提出了生物进化的新理论，即生物是如何随着时间的推移而变化的。他称其为**自然选择**，并开始撰写相关的理论著作。

达尔文注意到，生活在加拉帕戈斯群岛不同岛屿上的地雀是有亲缘关系的，但它们的喙却略有不同。这些不同点恰好有助于它们在各自所处的环境中生存。

虽然他们并非在所有方面都能达成一致，但两人都非常钦佩和尊重对方。

华莱士的发现

与此同时，一位名叫**艾尔弗雷德·华莱士**的英国探险家在东南亚的印度尼西亚发现，两座距离非常近的岛屿上却生长着完全不同的动植物。

共同的发现

达尔文多年来一直闭门写书，并未将自己的理论与他人分享。然而，1858 年，华莱士给达尔文写了一封信，阐明了自己的观点，并表示要将其发表。达尔文意识到他们的**发现是相同的**，知道是时候与世界分享他们的理论了，于是出版了自己的著作。

艾尔弗雷德·华莱士

炸药的发明

这位科学家虽然因发明炸药而举世闻名，但最终**和平**却成了他永恒的遗产。

炸药的英语“dynamite”源自希腊语，意思是“力量”。

炸药试验

19 世纪 50 年代，瑞典青年**阿尔弗雷德·诺贝尔**正在学习化学工程，并对爆炸物产生了浓厚的兴趣。当时的爆炸物非常不稳定，诺贝尔希望通过研究使爆炸物变得更加稳定和安全。1867 年，他终于成功发明出**炸药**。

我希望这个发明能帮助更多人。

致命的发明

在采矿以及修建隧道、公路和铁路等方面，炸药取代了**火药**，成为一种更安全的爆炸物。诺贝尔因此变得非常富有。不过，这一发明也有致命的缺点——炸药成为一种战争武器。

瞥见未来

有一天，诺贝尔在一份报纸上看到了自己死亡的消息，这使他十分震惊！虽然最终证实报纸上的这篇文章为误印，但文章中提到，炸药使诺贝尔富有，但却使其他人遭受痛苦，并将诺贝尔称为**“死亡商人”**。诺贝尔不想给世人留下这样的印象，于是决定重新分配自己的遗产。

诺贝尔奖

和平先驱

诺贝尔用自己的遗产设立了一个年度奖项，在他去世后，奖励在物理学、化学、生理学或医学、文学及和平事业领域取得重要成就的人，希望以此造福人类。1901 年，**诺贝尔奖**首次颁发，它至今仍是世界上最重要的奖项之一。

顶尖科学家

获得诺贝尔奖可以称得上是世界上最大的荣誉之一。而**玛丽·居里**却不止一次获得诺贝尔奖，她获得过两次！

最强大脑

1867 年，玛丽出生在波兰。长大后，她到法国巴黎求学，钻研科学。在巴黎，她与物理学家皮埃尔·居里相识并结婚。他们一起开始了**放射性**科学领域的开创性研究。

铀

辐射是指能量以波或粒子的形式发散。玛丽·居里对新发现的化学元素铀的辐射进行了研究。

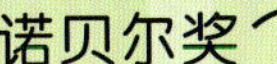

诺贝尔奖

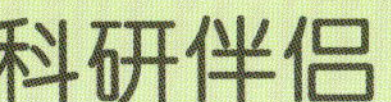

科研伴侣

玛丽和皮埃尔·居里共同发现了两种新元素——钋和镭。“钋”（polonium）的命名是为了纪念玛丽·居里的祖国波兰。1903年，居里夫妇获得了**诺贝尔物理学奖。**八年后，玛丽·居里获得了第二个诺贝尔奖——**诺贝尔化学奖。**

至今，玛丽·居里的笔记本仍具有很强的辐射，因此人们不得不将这些笔记本保存在铅制的盒子中，搬运时还要带上防护手套！

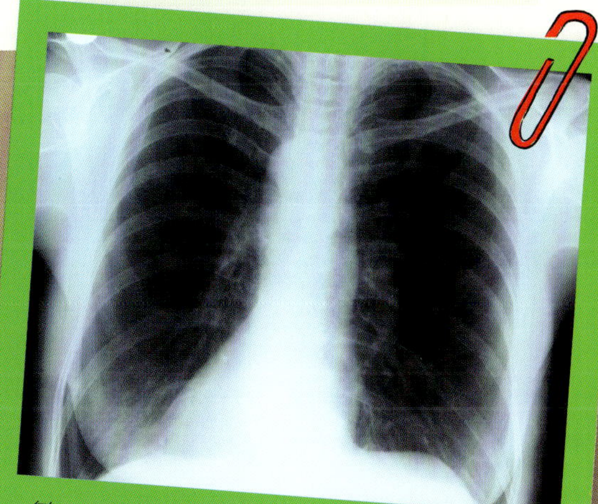

第一次世界大战期间，玛丽·居里帮助外科医生用X射线为士兵检查由子弹和骨折造成的创伤。她不仅制造了移动X射线检查车，甚至还亲自开上战场。

伊雷娜·约里奥-居里

玛丽·居里的天才基因遗传给了自己的女儿伊雷娜。伊蕾娜·约里奥-居里于1935年获得了诺贝尔化学奖。

不朽的遗产

玛丽·居里是一位罕见的天才。她不仅是第一位获得诺贝尔奖的女性，还是第一位两次获得诺贝尔奖的人。不幸的是，由于长期在危险的辐射中工作，玛丽·居里患病去世，但她的成就却帮助医生挽救了**无数的生命。**

从天而降的好运

“青霉素是大自然的产物，
我只是发现了它。”
——亚历山大·弗莱明

医生与科学家们一直致力于寻找新的、更好的治疗疾病的方法。但是，有一种医学上最重要的突破，却是**偶然**发现的！

聪明却邋遢

苏格兰科学家**亚历山大·弗莱明**一直致力于研究细菌，并定期从眼泪、唾液甚至鼻涕中收集细菌并进行培养。弗莱明虽然是一位杰出的科学家，但却不擅长**清理自己的实验室**！

神奇的真菌

1928 年，弗莱明休假两周后返回实验室，发现他留在水池里未清洗的细菌培养皿中已经**长出了真菌**。不仅如此，培养皿里的细菌也被这种真菌杀死了！

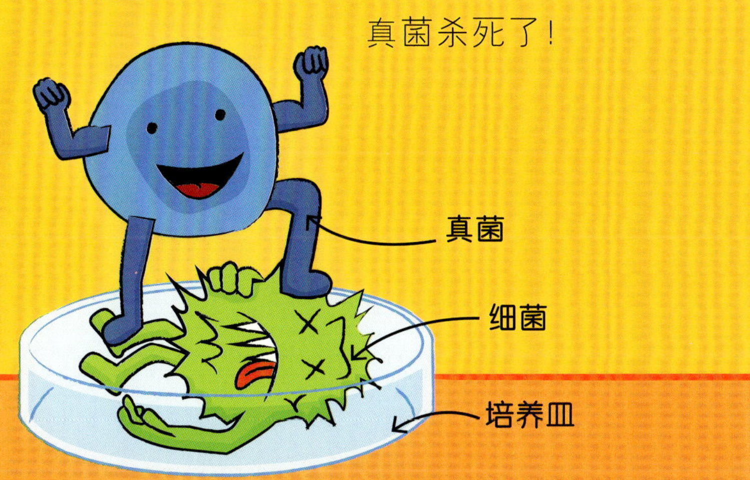

弗莱明对这种真菌进行研究后发现，它能产生一种可以杀死细菌的特殊物质。弗莱明将这种物质命名为“青霉素”。

幸运的发现

由此，弗莱明发现了世界上第一种**抗生素**。抗生素可以用于治疗各种由细菌引起的疾病。弗莱明的发现拯救了数百万人的生命，是历史上最重要的发现之一。

后来，有许多科学家，如霍华德·弗洛里、恩斯特·钱恩、诺曼·希特利，在弗莱明发现的基础上继续研究，对青霉素进行提纯，确保了用药的安全。

在正式将其命名为“青霉素”之前，弗莱明曾经将这种物质称为“霉菌汁”。

霍珀为一种易于掌握的计算机语言做宣传。

程序员先驱

美国人**格雷丝·霍珀**不仅为女性在计算机领域的发展开辟了道路，同时也让编程变得更加简单。

人人都能理解

1934 年，霍珀成为第一批获得**数学**博士学位的女性之一。第二次世界大战期间，她加入美国海军，对计算机产生了兴趣。由于在计算机编程方面遇到诸多困难，她开始着手设计一种每个人都能理解的编程语言。

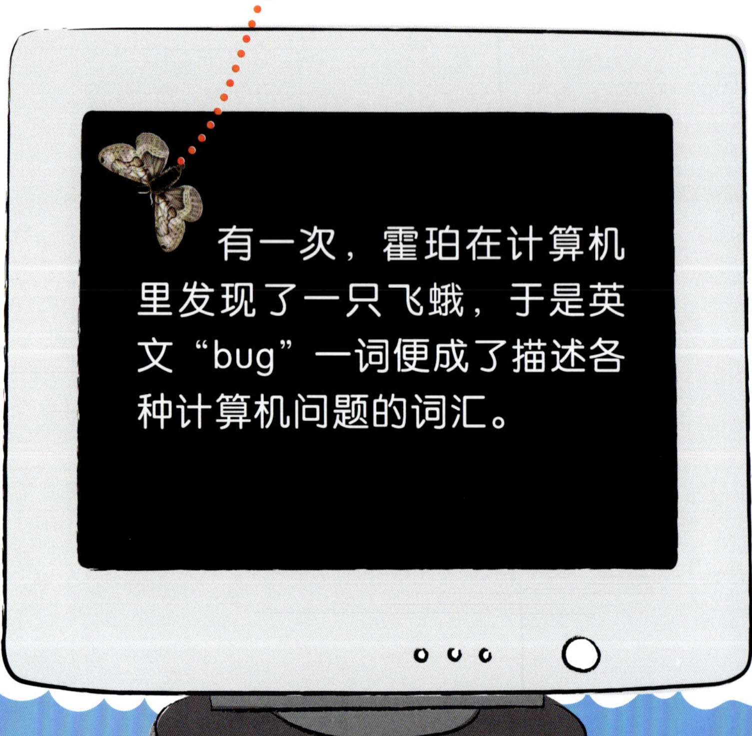

一年一度的“女性计算机科学大会”也是为了纪念

霍珀正在使用手动穿孔纸带式计算机。

通用语言

霍珀开发了一种叫作“FLOW-MATIC”的编程语言。这是第一种用人们熟悉的英语单词代替数学符号的编程语言。它不仅使计算机代码变得更简单，还促成了世界各地**计算机语言**的统一。

在海军服役的霍珀晋升为海军少将，退休时已79岁高龄，是在美国军队中服役的年龄最大的军官。

格雷丝·霍珀

了不起的格雷丝

鉴于霍珀的成就与贡献，人们称她为**“了不起的格雷丝”**（一首著名歌曲的名字）。在获得成功后，霍珀开始致力于**培养年轻人**，鼓励他们从事计算机编程工作。

为了纪念霍珀，一台超级计算机和一艘美国海军军舰被命名为“霍珀”。

“霍珀”号

霍珀而设立的。

方便面的发明人

这位日本天才用自己发明的**美味速食**填饱了世界上许多人的肚子。

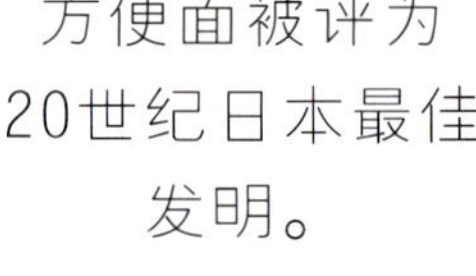

廉价食品

第二次世界大战后，经济萧条和食物匮乏的现象十分普遍。日本发明家**安藤百福**想到了一个解决办法。经过多次试验后，他发明了一种快速油炸面条的方法，使面条的存储时间变得更长。

一位工人抱着第一箱量产方便面。

风靡一时

没过多久，方便面就风靡日本。它的制作成本**便宜**，**味道**也很不错，而且冲泡**方便**（只要加热水就可以）。1971 年，泡沫容器出现后，“杯面”开始风靡全球。

哇！

有一次，安藤在美国旅行时发现一些顾客用咖啡杯泡方便面，而不是用碗，于是萌生了设计杯面的想法。

对抗饥饿的英雄

安藤发明的不仅是**便利的食品**，还是解决饥饿的方法。日本与美国政府均对这项发明表示感激，并为他颁发了许多奖项，其中包括一枚日本政府在 1977 年为表彰他对日本人民所做的贡献而颁发的荣誉勋章。

安藤百福

安藤声称，他的健康体魄得益于吃杯面。他活到了96岁！

方便面

只需加水

日本大阪的杯面博物馆是为了纪念安藤和他发明的方便面产品而建立的。

连接世界

如今，每天都有大量的**数据**通过电子邮件、短信、照片等形式在世界各地传播。然而，如果没有这个人的努力，这一切可能无法实现……

高锟

绝妙的创意

高锟于1933年出生在中国，后来移居到英国学习电气工程。20世纪60年代，他和同事开始寻找改善光学纤维（光纤）性能的方法。**光学纤维**是一种可以让数据以光的形式通过并长距离传输的介质材料。

2009年，高锟因自己的突破性技术

难题

当时，光纤传输的难题之一是**信号**在早期电缆中的传输距离不够长，往往在抵达目的地之前就衰减了。为此，高锟开始了长时间的研究。

玻璃研究大师

高锟意识到，原有电缆中的**杂质**太多，就像道路上的障碍物一样，会使电缆中光的传播速度变慢。于是，他决定用**纯玻璃纤维**制作电缆。

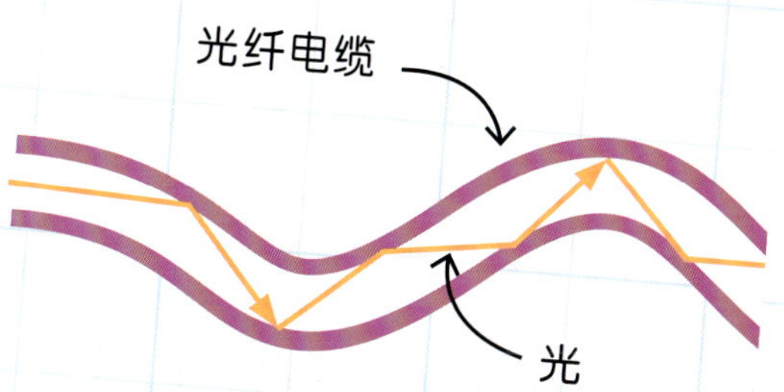

光纤电缆中的光通过镜面反射的方式传播，直到抵达目的地。

超级解决方案

这种新玻璃纤维的性能非常好，数据可以在其中传输数千千米，且不出现任何问题。不久之后，光纤电缆开始**被全世界使用。**

每年，诺贝尔奖都会奖励给在各个领域取得最重要成就的个人或组织。

而获得诺贝尔物理学奖。

汉密尔顿站在自己团队编写的计算机编码旁。

上天揽月

这位宇宙级计算机女王帮助研发了人类首次登月所需的专用**软件**。

仰望星空的科学家

玛格丽特·汉密尔顿是一个喜欢注视天空的人。作为软件工程师（这个术语由她创造）的她曾经编写过一个用于预测天气和侦测敌机的计算机程序。不久，她的天赋就被美国国家航空航天局注意到了……

美国计算机天才

安全第一

当时，美国国家航空航天局正致力于将人类送上月球，汉密尔顿领导的团队则负责为航天器开发软件。她知道，安全是最重要的。因此，她一直在努力编写**报警系统**的计算机编码，一旦航天器出现问题，它就能发出警报。

总统自由勋章是授予美国平民的最高荣誉。

```
LUNAR LANDING GUIDANCE EQUATIONS
---------------------------------------------------------------------------
REF  45   LAST  799   31,2537  3 4752  0  CAF    TWO
REF  3    LAST  739   31,2540  55,621  1  TS     WCHPHOLD
REF  3    LAST  785   31,2641  55,351  0  TS     WCHPHASE
REF  223  LAST  791   31,2542  0 4616  1  TC     BANKCALL
REF  4    LAST  762   31,2543  40165   1  CADR   STOPRATE
REF  70   LAST  781   31,2544  00311   1  ADRES  XOVINFLAG
REF  3    LAST  229   31,2545  0 5516  0  TC     DOWNFLAG
REF  71   LAST  801   31,2546  0 5516  0  ADRES  REDFLAG
REF  2    LAST  785   31,2547  00143   1  TCF    VERTGUID

REF  3    LAST  800   31,2551  0 5311  1  TC     WCHPHASE

REF  146  LAST  800   31,2553  3 4755  1  CAF
REF  1                31,2554  55,746  1  TS
```

不辱使命

1969 年，全世界目睹了**“阿波罗”11 号**的登月舱在月球上安全着陆。事实证明，报警系统是至关重要的，如果没有它，登月将不得不在最后关头中止。汉密尔顿的开创性工作使她在 2016 年获得了总统自由勋章。

大约40万人的共同努力确保了这次登月任务的成功！

凝视太空

进入太空探险的，不止有人类——两艘**“旅行者”号探测器**也已经进入太空。它们用了大约40年的时间飞到了星际空间。

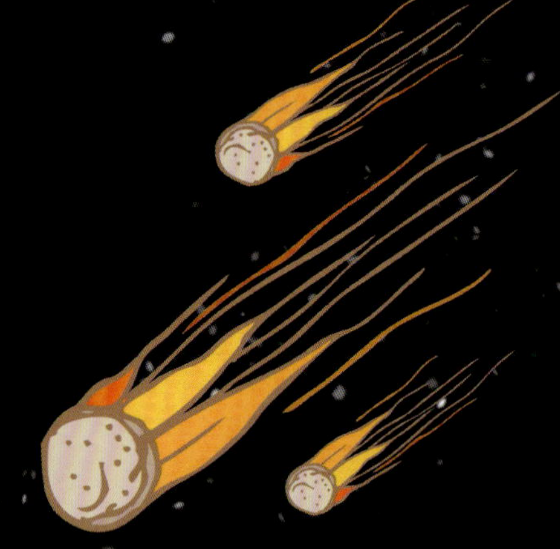

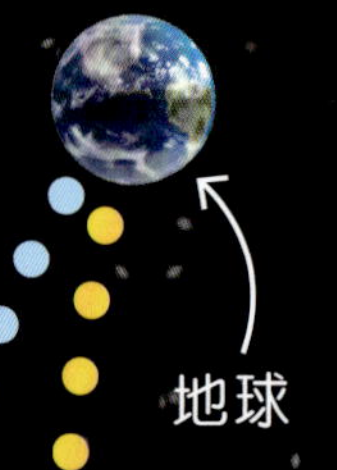

探测行星

1977 年，“旅行者”1 号和“旅行者”2 号探测器发射升空，去探测**木星**和**土星**这两颗气态巨行星。在这次探测行星的旅程中，探测器捕捉到了土星环令人惊叹的细节，还发现了木星和土星的新卫星，以及木卫一上的火山活动。

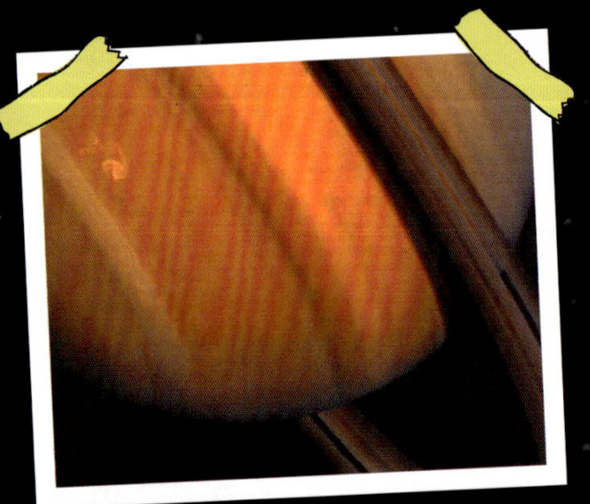

木星

土星

突破极限

两艘探测器都出色地完成了任务，因此科学家们又设置了拓展任务。“旅行者”2号于1986年抵达**天王星**，又于1989年抵达海王星，并向地球发回了这两颗行星的惊艳图像。它是迄今为止唯一抵达这两颗行星的航天器。

“旅行者”2号

每艘“旅行者”号探测器都携带着一张特殊的镀金唱片，内容包含地球的图像、自然界的各种声音，以及各种语言的问候语等。

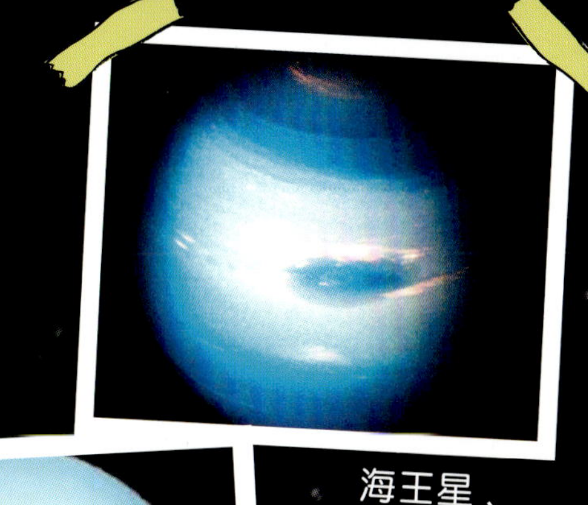

海王星

天王星

星际任务

目前，这两艘探测器仍在宇宙中探索。“旅行者”1号和“旅行者”2号已经先后飞入**星际空间**。科学家们希望，它们在未来能够继续探索太空。

“旅行者”1号

“旅行者”号探测器最初的设计寿命仅为五年！

火星任务

虽然许多非凡的探索成就都是人类做出的，但如今，**机器人**却逐渐成为重要的探索工具。

火星漫游

1997 年，**“火星探路者”号**探测器登陆火星。经过一段时间的快速下降后，它展开降落伞减速，随后又打开了特殊的气囊作为着陆缓冲。着陆后，探测器降下两条坡道，第一辆探索火星表面的火星车**“旅居者”号**缓缓驶出。

“火星探路者”号的着陆地点附近有许多岩石供“旅居者”号研究。地球上的科学家们利用这些数据探寻火星的历史。他们认为，火星曾经比现在更温暖、更潮湿。

完成任务

“旅居者”号在火星表面漫游，收集**岩石样本**，拍摄照片。“旅居者”号的设计寿命只有七天，但它却在火星上持续工作了近三个月！它所收集的信息，对科学家们来说非常有价值。在它之后，又有其他火星车被送上了火星。

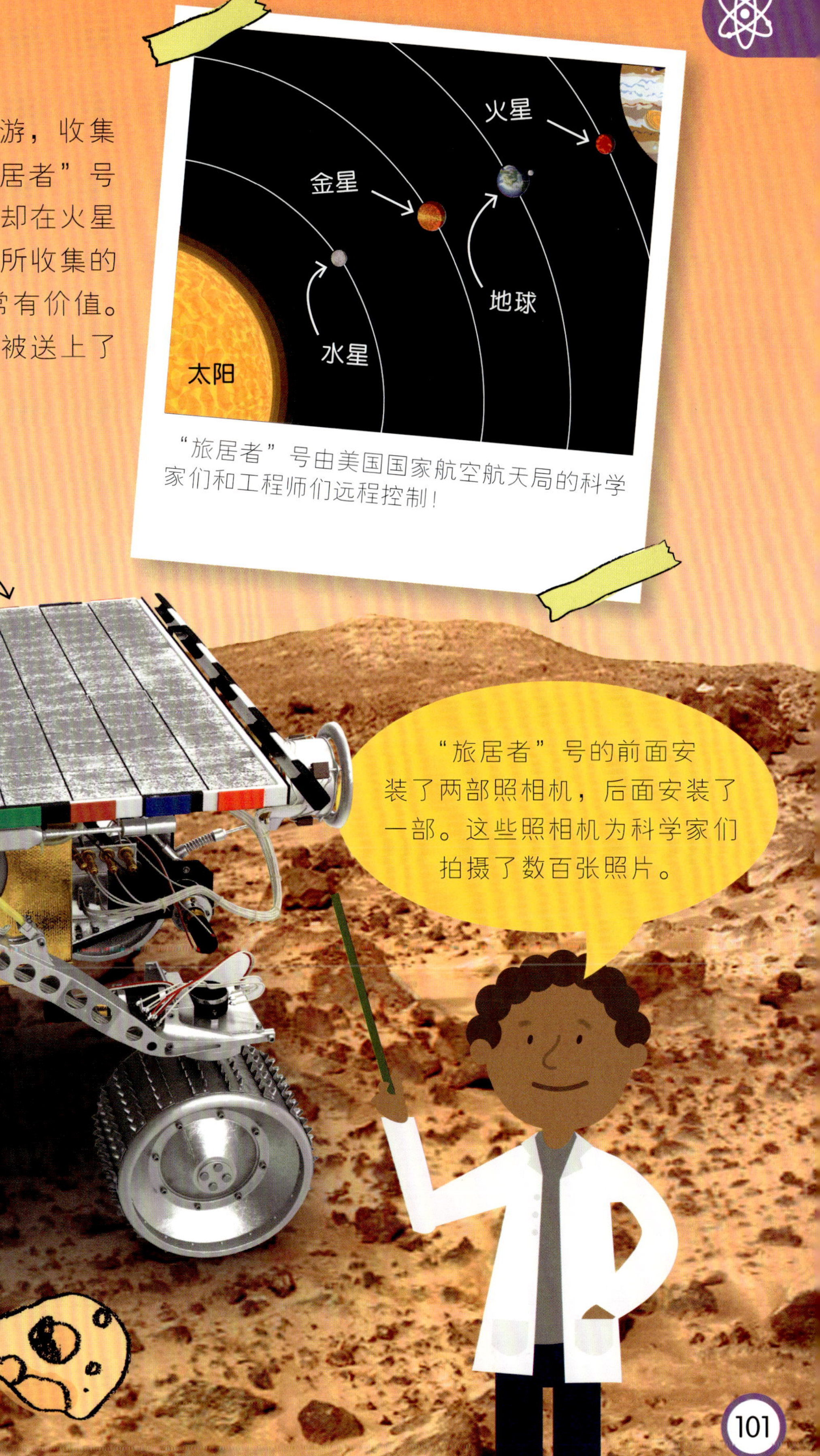

“旅居者”号由美国国家航空航天局的科学家们和工程师们远程控制！

神奇的机器

2008年，世界各国的科学家们在瑞士和法国边境建造了世界上最大的机器——**大型强子对撞机**。建造它的目的是解决科学界的一些大谜团。

大型强子对撞机是由欧洲核子研究中心主持建造的。这个组织由来自世界各地的最优秀的科学家们共同组建。

大型强子对撞机内部

大型强子对撞机是世界上最大、最昂贵、最复杂的机器。科学家们可以利用这部机器使**粒子**以接近**光速**的速度相互碰撞，从而重现138 亿年前宇宙诞生时的模样！

大型强子对撞机既可以帮助科学家们了解各种不同的粒子，也可以更好地解释宇宙是如何形成的。

了解过去发生的事情，有助于科学家们塑造未来。

大型强子对撞机建造在地下，由一个长约27千米的环形隧道构成！

黑暗中的一束光

宇宙充满了神秘的未知。不过，2019年，一些非常聪明的科学家对宇宙中的一种壮观的**天体**进行了新的探索。

超级科学家

在先进的望远镜技术和聪明的头脑的共同努力下，科学家们拍摄到第一张**黑洞**的照片。一个名为**“事件视界望远镜”**的全球望远镜观测项目，将视线聚焦在一个距离地球5500万光年的黑洞上。在收集了世界各地望远镜观测到的数据后，计算机科学家们通过一系列计算机指令进行运算，生成了黑洞照片。

黑暗的太空之外

2019年4月，黑洞的照片首次呈现在人类面前。在此之前，黑洞**从未被拍摄到**，科学家们只有通过黑洞对周围的恒星、尘埃和星系的影响才能推测出它们的存在。感谢科学家们，让我们又了解到一个关于宇宙的知识。

如果被吸入黑洞，你会被拉长，变瘦，直到你的身体分崩离析！这个过程被称为“拉面效应”！

这个明亮的橙色圆环是由气体组成的。

这个黑色斑点是黑洞的阴影。

有史以来的第一张黑洞照片具有划时代的意义！

开拓者与先驱

人们做的大多数事情，无论做得多好，通常都是重复前人做过的。然而，想象一下，你做了一件不可思议的事情，并且是**第一个**做这件事情的人，那会是什么样的感受？接下来介绍的这些拥有远大梦想的人，他们都做过极具开创性的事情。

意想不到的探险

当一艘英国轮船抵达波利尼西亚胡阿希内岛的海岸时，一个当地人抓住机会登上船，开启了他的**探险之旅**……

建立友谊

当英国探险家库克船长的船航行到塔希提岛附近的胡阿希内岛时，一个名叫**奥迈**的年轻人看到了机会。奥迈对英国很好奇，并与船员们成了朋友。1773 年，当船返回英国时，奥迈获得了随船航行的机会。

社交明星

奥迈是第一个到访英国的波利尼西亚人，因此每个人都想见见他。他被介绍到上流社会，不仅有画家为他画肖像，还有国王和王后与他共进晚餐。奥迈学会了骑马，说英语，还学会了玩西洋双陆棋和国际象棋。

奥迈的纪念品

大约两年后，奥迈返回了家乡，随身携带了许多**纪念品**，包括地球仪、雨伞、国际象棋和盔甲。回到胡阿希内岛后，他在一座木屋中安顿下来，并在旁边建了一个种植着欧洲植物的花园。

横渡特拉华河

美国第一任总统乔治·华盛顿在成为总统之前就是十足的冒险家。他最著名的壮举之一是横渡特拉华河，这是扭转**北美独立战争**局势的一次行动。

乔治·华盛顿

为自由而战

1775 年，北美殖民地决定摆脱英国的统治，并于 1776 年 7 月 4 日通过《独立宣言》。作为新成立的美利坚合众国军队的指挥官，**乔治·华盛顿**将军负责率军抗击英国军队。

1851年的一幅名画，生动地再现了

行动计划

1776 年 12 月，美军正在**苦苦挣扎**，华盛顿急需一场胜利。他想出一个十分冒险的计划，即横渡危险且结冰的特拉华河。圣诞节的夜晚，美军乘小船出发了，在严酷的冬季风暴中奋斗了几个小时后，只有大约三分之一的人成功抵达河对岸。

华盛顿在特伦顿的胜利鼓舞了美国人的士气，带来了独立的希望。

突然袭击！

华盛顿的军队抵达河对岸后，悄悄地逼近**特伦顿城**，对城中的英军发起突然袭击。这是美军在独立战争中赢得的第一次重大胜利。1783 年，美军赢得了最终的胜利，美国实现独立。

华盛顿的这次大冒险。

1789年，乔治·华盛顿成为美国第一任总统。

化石猎人

很多人喜欢在沙滩上寻找贝壳，而这位女性在海边的**发现**却改变了人们对地球远古生物的认知。

安宁的故事被写成儿歌《她在海边卖贝壳》。

我和哥哥把化石卖给游客。

玛丽·安宁

发现远古生物

19 世纪初，一个名叫**玛丽·安宁**的英国女孩喜欢在当地的海滩上收集贝壳和化石。1811 年，12 岁的玛丽·安宁和哥哥在海滩上发现了一副大型海洋爬行动物的完整骨架。它最终被证明是已经在**恐龙时代**灭绝的**鱼龙**的化石。

化石是很久以前的生物留存在地球上的遗骸或遗迹。

无名英雄

这一地区成为化石发掘的热点地区。虽然安宁没有化石发掘的专业背景，也没有接受过训练，但她却发现了数百件化石。当时**研究化石**的古生物学，主要由男性主导。因此，许多人不相信安宁的发现，有些男性甚至把安宁的功劳据为己有！

重大贡献

安宁发现的化石中不仅包含菊石、蛇颈龙和鱼龙，还有许多其他史前生物。这让**科学家们**对这条古老的海岸线，以及曾经生活在这里的已经灭绝的生物有了更多的了解。

1823年，安宁发现了历史上第一副完整的蛇颈龙骨架化石。蛇颈龙是一类拥有长脖子的海洋爬行动物。

淘金

黄金是一种贵重的金属，对人们有着神奇的吸引力。1848年，**淘金**的诱惑使一批又一批的人涌向了美国的加利福尼亚州。

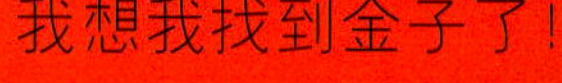

淘金热

一个名叫詹姆斯·威尔逊·马歇尔的人在检查河床时，发现河床上有一些**闪亮的金属**颗粒。他把这些颗粒拿给别人看，人们很快意识到他发现的颗粒是金子！加利福尼亚有金子的消息很快就传开了，成千上万人涌向那里寻找财富。

追求财富

加利福尼亚州旧金山 1848年1月24日

淘金者

起初，淘金很简单，可以手工完成。最常见的淘金工具是**淘盘**。河水和细沙被淘盘筛除后，淘金者再在剩余物中寻找金子。后来，淘金逐渐变得困难，需要借助机器寻找金子。

仅1849年，淘金者就找到了价值1000万美元的黄金。1852年，这一数字跃升至8100万美元。

时代的终结

短短几年后，淘金热就结束了。虽然加利福尼亚仍然能淘到金子，但数量却十分有限，而且，那里也不再是原来的加利福尼亚了。如今，生活在那里的人中有数百万人是淘金者的**直系后代**。

旧金山

在淘金热期间，旧金山附近的人口从大约1000人猛增至超过2.5万人。

营救之路

美国黑奴的救星哈丽雅特·塔布曼曾冒着生命危险，帮助成千上万人**获得自由**。

自由之路

19世纪，许多来到美国的非洲人被迫成为奴隶。**“地下铁道”**是帮助美国南方各州的奴隶逃到北方寻求自由的秘密交通网。那些被称为“列车员”的人负责保护逃亡者的安全，防止他们被捕。“列车员”中有一位名叫**哈丽雅特·塔布曼**的女性，她曾经也是奴隶。

“我在‘地下铁道’当了八年的‘列车员’。我敢说大多数‘列车员’都不敢说的话——我从未让我的‘火车’脱轨，也从未失去过‘乘客’。”

——哈丽雅特·塔布曼

奴隶主们悬赏4万美元捉拿哈丽雅特·塔布曼。

指路明灯

塔布曼曾是一名奴隶，经历过许多可怕的苦难。1849 年她逃跑后，加入了“地下铁道”，开始帮助奴隶们逃离奴隶主。虽然冒着被捕的风险，但她却从未丧失**勇气**和**决心**。

塔布曼被称为“摩西”，因为《圣经》中的摩西也是带领人们寻找自由的人物。

援助之手

塔布曼的援助从未停止。1861 年，美国内战爆发时，她当过护士和间谍，帮助联邦军废除奴隶制。她还成为美国历史上第一位领导军事行动的女性，曾率领 300 名士兵沿南卡罗来纳州的卡姆比河**营救出数百名奴隶**。

1865年，美国内战结束，美国废除了奴隶制。塔布曼在纽约建立了一家收留老人和穷人的养老院。

驶向自由

1862年，这个勇敢的人冒着巨大的风险，驾驶着一艘**偷来的船**，摆脱了奴隶的命运。

卑微的出身

1839 年，**罗伯特·斯莫尔斯**出生于美国南卡罗来纳州的一个农场里，一出生就沦为奴隶。12 岁的时候，他的主人将他送到了查尔斯顿镇为别人工作。他赚到的钱，自己只能拥有一小部分，而绝大部分都归他的主人。

靠得住的水手

1862 年，斯莫尔斯在查尔斯顿港当船员。他是一名出色的船员，得到了船上指挥官们的信任，不过，他们仍然把斯莫尔斯当奴隶对待。

突破束缚

一天清晨，斯莫尔斯得到一个逃跑的机会。于是，他带着一群奴隶登上一艘船。他们驾驶这艘船接上了自己的家人，然后驶向**自由之地**。

当他们航行到新的海域后，斯莫尔斯和船员们把船上的旗帜换成了白色床单，这样其他船只就不会将他们误当成敌人而向他们开火了。

当这艘船驶离海港时，士兵们发现了它。幸亏斯莫尔斯乔装成船长，才没有被怀疑。

自由斗士

斯莫尔斯因拥有令人钦佩的勇气而被称为**英雄**。战争结束后，他开始经商，从政。他的余生都在为非裔美国人的**权利**而奋斗。

斯莫尔斯当奴隶时的主人，由于无力承担税金而失去了农场。买下这个农场的，正是斯莫尔斯！

美国　**每日新闻**　1887年

环游世界的记者

内莉·布莱

内莉·布莱原本是在幕后揭露**社会问题**的美国调查记者，却因为以最短的时间环游世界而登上了报纸的头条。

热点新闻

1885年，**内莉·布莱**给当地的一家报社写了一封投诉信，控诉一篇对女性持负面观点的文章。

布莱言辞激烈的投诉信给报社编辑留下了深刻的印象，于是向她发出了**工作邀约**。

“正确地运用和引导自身能量，可以做成任何事情。”——内莉·布莱

假扮病人

布莱到贫民窟调查过人们的贫困状况，到工厂考察过工人的工作环境。她把看到的一切都报道了出来。1887 年，她伪装成病人进入一家精神病院进行**暗中调查**，亲身体验病人的治疗过程。

恐怖的医院

布莱被医院脏乱的环境和**到处乱窜的老鼠**吓坏了。很明显，病人们并没有得到应有的治疗。

她的文章发表后，医院的治疗条件得到改善，布莱也因此出名了。

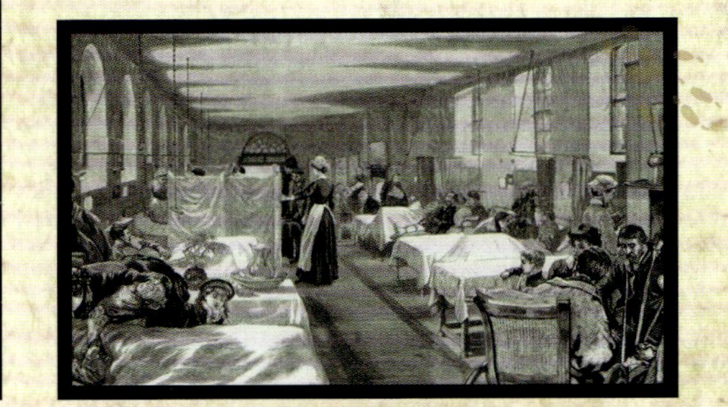

打破纪录的竞赛

布莱读完法国作家儒勒·凡尔纳的小说《八十天环游地球》后，决定挑战书中的主人公，以更短的时间环游世界。报纸对她乘船、乘火车和骑马的**探险经历**进行了全程报道。

布莱用短短72天完成了环游地球的旅行，创造了一项新的世界纪录！

留学西方

这是第一位到美国留学的日本女性，她为自己国家的**女性**提供了进一步受**教育**的机会。

身负使命的女孩

津田梅子于1864年出生在日本，七岁时与另外四名同龄女孩一同被送往美国。她们此行的使命是学习西方文化，学成归国后，照顾家庭，抚育子女。但津田却**另有想法**。

津田梅子

前往美国

津田在美国待了11年，学习科学、文学、绘画、音乐等学科。后来她意识到，她所学的知识可以用来**改善**自己家乡女性的**生活**。于是，回到日本后，她以女性教育的重要性和女性在社会中的地位为主题做演讲。

赴美留学期间，津田获得了生物学学位。

为了纪念**津田梅子**，她的头像将被印在**2024年**发行的**5000元**面值的日本纸币上。

学无止境

尽管有机会留在美国，但津田还是决定回国改变家乡女性的生活。她的人生经历使她成为教育专家和改革先驱。1900年，她创办了**津田塾大学**。这所大学是日本历史最悠久的女子学院之一。

争取权利的斗争

如今，全世界的女性都应该感谢**埃米琳·潘克赫斯特**，是她领导了争取性别平等的斗争，帮助女性获得选举权。

女性权利

1858 年，潘克赫斯特出生于英国的一个政治活动家家庭。她从小就被教导，要坚持自己的信仰。1903 年，她建立了英国妇女社会政治同盟，帮助女性获得与男性同等的**机会**和选举权。1918 年，30 岁以上的英国女性终于获得了选举权，但这还远远不够。

“我宁愿做反抗者，也绝不做奴隶。”
——埃米琳·潘克赫斯特

付诸行动

英国妇女社会政治同盟采取的并不都是和平的抗议形式。许多女性因此被捕。报纸将她们称作**“妇女参政论者”**，这个称呼从那时起沿用至今。

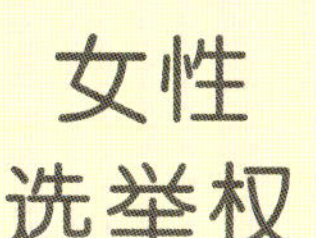

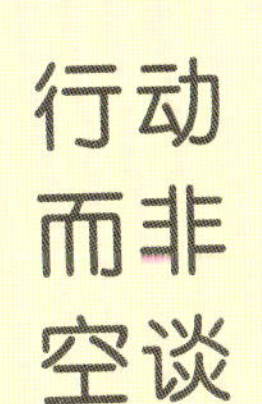

女性
选举权

1893年，新西兰成为第一个赋予女性选举权的国家。

女性
要求
选举权

潘克赫斯特的女儿们也参加了女性参政运动。

行动
而非
空谈

女性
选举权

更广泛的选举权

第一次世界大战期间，妇女社会政治同盟为了让女性承担起男性的工作而暂停了斗争。被监禁的妇女参政论者们也被释放，妇女社会政治同盟给政府留下了正面印象。1928 年，潘克赫斯特去世。她去世后不久，英国女性拥有**选举权**的年龄降到了 21 岁。潘克赫斯特胜利了，但争取性别平等的旅程并没有结束。

学习飞行

20世纪纪初，人类开始尝试依靠动力**飞行**。虽然大多数工程师认为强大的发动机是飞机飞行的关键，但莱特兄弟却不这么认为……

飞行器

1903 年 12 月的一个早晨，美国的北卡罗来纳州刮着大风，**奥维尔·莱特**和**威尔伯·莱特**兄弟俩准备测试他们的发明——“莱特飞行者”号。

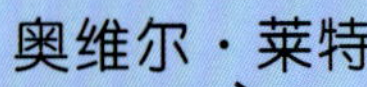

威尔伯·莱特

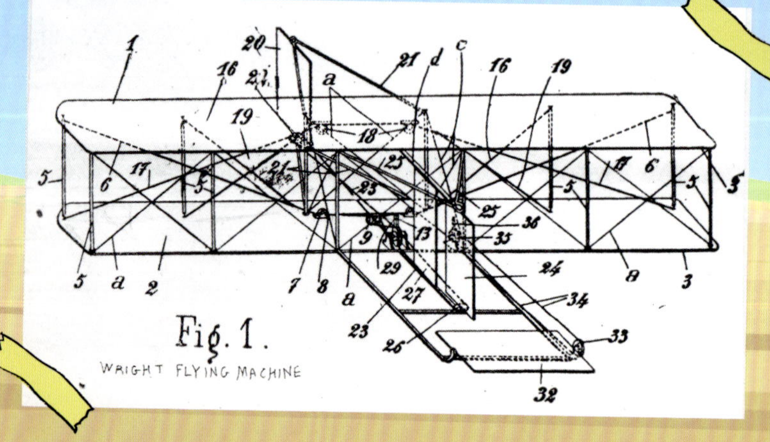

反复试验

莱特兄弟用了许多年的时间，测试了不同形状的机翼、方向舵和操控方式。由于从事自行车制造工作，他们深知**平衡**比发动机动力更重要。

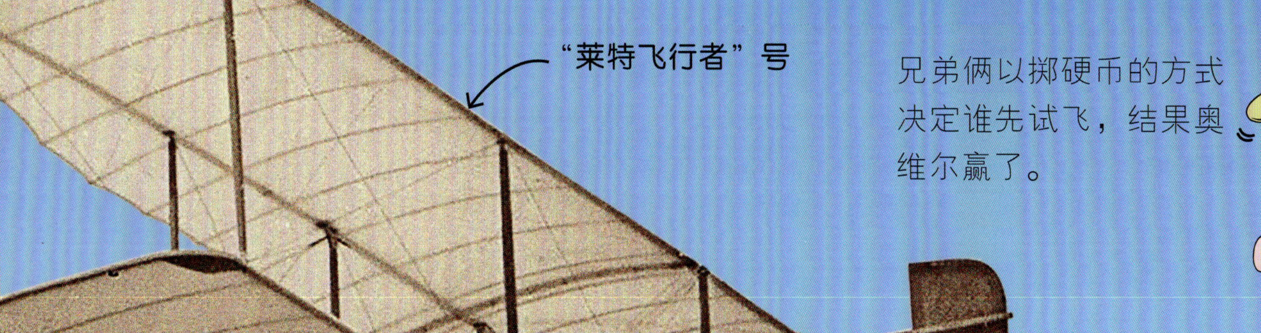

兄弟俩以掷硬币的方式决定谁先试飞，结果奥维尔赢了。

起飞时刻

最终，“莱特飞行者”号沿着金属斜坡缓缓下滑。几秒钟后，奥维尔已经在离地面约3米高的空中飞行了。飞机在空中上下颠簸。奥维尔努力控制飞机，但一阵强风吹过，它还是掉在了海滩上。即便如此，它也已经**成功**了！

起初，报纸对此次飞行并不感兴趣。直到后来，人们才意识到这项成就的**重要性**。

莱特兄弟之所以选择在北卡罗来纳州的基蒂霍克试飞，是因为那里的风速稳定，沙滩柔软。万一飞机不幸坠落，对于试飞员来说也相对安全！

空中女王

20世纪早期，很少有人愿意以**飞行员**为职业。然而，一位不可思议的女性却出乎所有人的意料……

贝茜·科尔曼

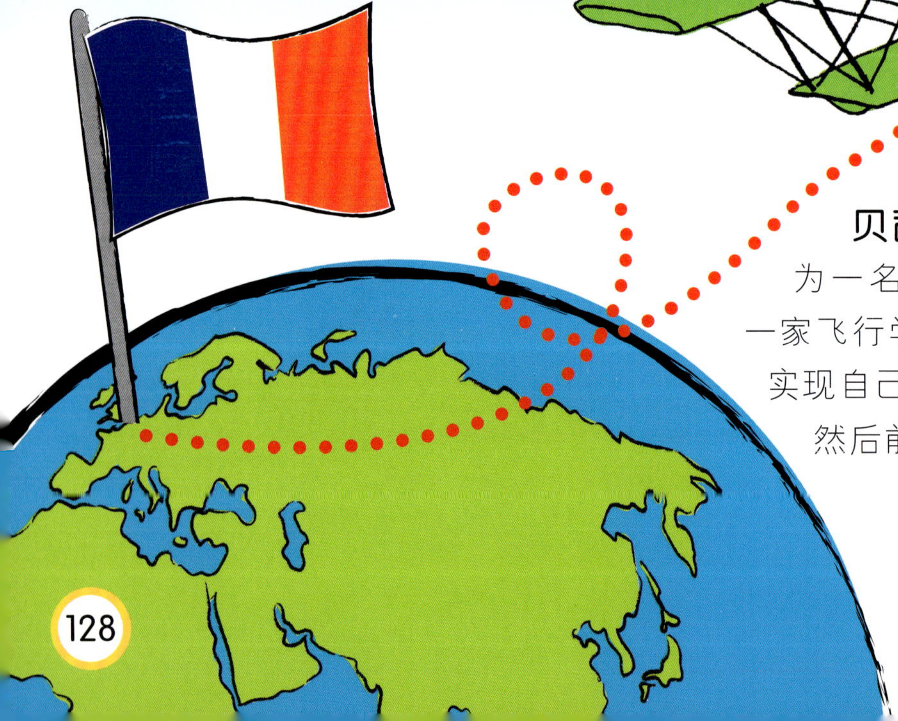

伟大的梦想

贝茜·科尔曼很小的时候就梦想成为一名飞行员。然而，当时美国的任何一家飞行学校都不愿意接纳非裔女性。为了实现自己的梦想，科尔曼存钱并学习法语，然后前往法国接受**飞行训练**。

创造历史

1921 年 6 月，科尔曼拿到了飞机驾驶执照。她是**第一个**拥有飞行执照的非裔美国人，因此被载入史册。回到美国后，她被美国人视为英雄！

飞行特技

尽管科尔曼已经出名，但她却只能找到特技飞行的工作。这项工作非常**危险**，但她别无选择。人们成群结队地赶来，看她表演那些令人难以置信的飞行特技。由于技术精湛，她很快就得到了“**贝茜女王**”的绰号。她的足迹遍布美国，激励着年轻女性去追寻自己的梦想。

奇妙的世界

1922年，16岁的加拿大裔美国人**伊德里斯·加尔西亚·韦尔什**一直梦想着去探险。当她看到招聘女探险队员的广告时，马上就提交了申请。很快，她就驾车开始了环球之旅。

艾罗哈·范德维尔

驾驶人生

韦尔什在法国尼斯遇到了绰号“船长”的**范德维尔探险队**的领队。她加入了这个探险队，并改用**艾罗哈·范德维尔**这个名字。接下来，他们继续在欧洲、非洲、亚洲和北美洲探险，边走边拍照和录像。

他们驾车从勃兰登堡门下驶过。

德国勃兰登堡门

1922～1927年，范德维尔探险队驱车穿越了**四个大洲的43个国家。**

埃及狮身人面像

当到达埃及著名的狮身人面像时，整个探险队在其脚下扎营。

印度泰姬陵

艾罗哈在泰姬陵前遇到了一名耍蛇人。

美国夏威夷基拉韦亚火山

“船长”在基拉韦亚火山脚下给艾罗哈录像。

艾罗哈与“船长”在探险途中相爱，两人于1925年4月结婚。

美国加利福尼亚州

艾罗哈有时会用碾碎的香蕉给汽车润滑，以使发动机正常运转。

多才多艺的女性

经过多年的奔波，范德维尔夫妇将他们拍摄的镜头制作成电影。艾罗哈·范德维尔成为**“世界上到过地方最多的女孩”**。作为探险队最重要的成员，她负责开车、修车、录像、翻译、制作衣服，以及表演特技。她是第一位驾车环游世界的女性，并因此被载入史册。

为自由前行

当时，印度已经被英国统治了数十年。**圣雄甘地**决心帮助自己的祖国摆脱英国的统治，但他不认为暴力能够解决这个问题，于是选择了另一种方式。

圣雄甘地

甘地给追随者们做了鼓舞人心的演讲。

游行

印度人一直从海洋中获取食盐。然而，英国人却将这定义为非法行为。同时，英国人又对食盐征收**高昂的盐税**，导致食盐的价格非常高。甘地要求英国人取消《食盐专营法》，但没有得到任何回应。于是，1930 年 3 月，甘地想到了一个让英国人倾听自己意见的计划，他与自己的一些追随者开始了徒步游行。

甘地的追随者们称他为“圣雄”（mahatama），

抗争

24 天后，甘地与追随者们抵达海边。甘地抓起一把海盐，触犯了法律。于是，他和 6 万名印度人一起被捕。这就是著名的**食盐进军**。

成千上万人加入了甘地前往海边的游行队伍。

重获自由

食盐进军是一场运动的开端。一年后，甘地被释放，他继续领导人们进行**和平抗议**。1947 年 8 月，印度终于成为一个部分自治的国家。

意思是“伟大的灵魂”。

西班牙女性权利

在西班牙内战时期，**克拉拉·坎波阿莫**将女性权利置于政治议题的首位。

西班牙内战期间，巴塞罗那街头的战斗场面。

克拉拉·坎波阿莫

担负使命

1888 年，坎波阿莫出生于西班牙马德里。在几乎没有女性上大学的年代，坎波阿莫经过多年努力，完成了大学学业并获得法律专业的学位。她决心为女性在世界上争取**更高的地位**。

坎波阿莫不仅翻译过许多法国小说，

改变的时代

后来，坎波阿莫成为激进党的代表，领导了提高女性地位的运动。她认为，人们不应该因为性别不同而受到区别对待，**女性应该拥有与男性相同的选举权。**为此，她四处发表鼓舞人心的演讲。最终，西班牙法院通过了新的法律，赋予西班牙女性选举权。

不朽的遗产

坎波阿莫先后移居阿根廷和瑞士，并将自己的人生经历付诸笔端。她推动了西班牙**女性权利**的发展进程，使女性获得了更大的自由和更多的机会。在抗争中，她为女性权利疾呼，创造了历史。

还为许多人写过传记。

飞行先锋

阿梅莉亚·埃尔哈特是历史上第一位独自驾驶飞机飞越大西洋的女性，世界各地的头条新闻争先恐后地报道这一创举。

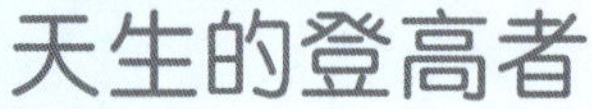

天生的登高者

在美国长大的埃尔哈特，从小就是个“**傻大胆**”。她曾经在自己家的屋顶上搭了一条坡道，然后坐在木箱子里从坡道上“飞”下来。虽然因此受了伤，但她喜欢这种体验。

航空俱乐部

随着年龄的增长，埃尔哈特对飞行的兴趣越来越浓厚。当时，从事飞行员工作的女性并不多，但这并不能阻止她。

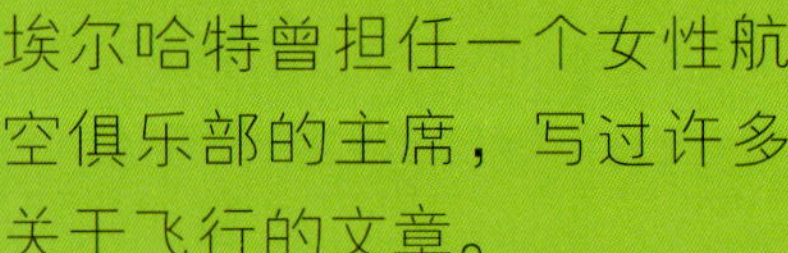

埃尔哈特曾担任一个女性航空俱乐部的主席，写过许多关于飞行的文章。

1935年1月，埃尔哈特又打破了一项纪录，

创造历史

1927 年，飞行员查尔斯·林德伯格驾驶飞机飞越大西洋，创造了历史。一年后，埃尔哈特和另外两名飞行员成功地完成了同样的旅程。埃尔哈特很兴奋，希望再次完成同样的飞行之旅——但这次是**独自**完成。

关键时刻

1932 年，机会再次出现。从加拿大纽芬兰起飞后，埃尔哈特遭遇了飞机机械故障和强雷暴天气。她不得不在北爱尔兰的伦敦德里附近迫降。即便如此，她仍**完成了自己的梦想**——独自飞越大西洋！

她从**加利福尼亚**独自驾驶飞机飞到了**夏威夷**。

动物之友

这位坚定的自然保护主义者**与黑猩猩相处的时间**非常长，创造了人类在自然栖息地中研究动物时间最长的纪录。

狂野的内心

1934 年，**珍妮·古道尔**出生于繁华的伦敦。然而，她却拥有一颗向往野外的心。26 岁时，她来到非洲坦桑尼亚的贡贝国家公园，**研究黑猩猩**。从此以后，她在这一科学研究领域坚持了 50 多年。

建立关系

随着时间的推移，野生黑猩猩逐渐认识并接受了古道尔。古道尔注意到，黑猩猩与人一样，有**不同的性格**和情绪。她发现黑猩猩也有照顾朋友和与敌人战斗的行为。它们用石头和棍子制作工具的能力也令人赞叹。

一只黑猩猩用植物的茎吸水。

对黑猩猩的保护

1977 年，古道尔建立了珍妮·古道尔研究所。直到今天，该研究所仍在致力于研究与保护**野生**黑猩猩。古道尔出版了许多与自己的研究相关的著作，获得了许多野生动物保护奖项。

摘星之志

1963年，**瓦莲京娜·捷列什科娃**成为第一位进入太空的女性，谱写了人类太空探索的非凡篇章。

航天员

1937 年，捷列什科娃出生于苏联。她最喜欢的运动是跳伞，这对她入选**国家太空计划**十分有帮助。捷列什科娃从 400 多名申请者中脱颖而出，最终入选进入太空的航天员名单。

“一旦进入太空，你就会发现，地球是多么的

秘密太空任务

为了做好进入太空的准备，捷列什科娃进行了六个月的高强度训练，包括失重训练和隔离。她向父母隐瞒了这次任务，谎称自己要参加跳伞比赛。

捷列什科娃的太空之旅

1963 年 6 月 16 日，捷列什科娃乘坐“东方”6 号飞船进入太空，成为历史上**首位**进入太空的**女性**。捷列什科娃的这次太空旅行历时三天，绕地球运行了 48 圈。

渺小和脆弱。”——瓦莲京娜·捷列什科娃

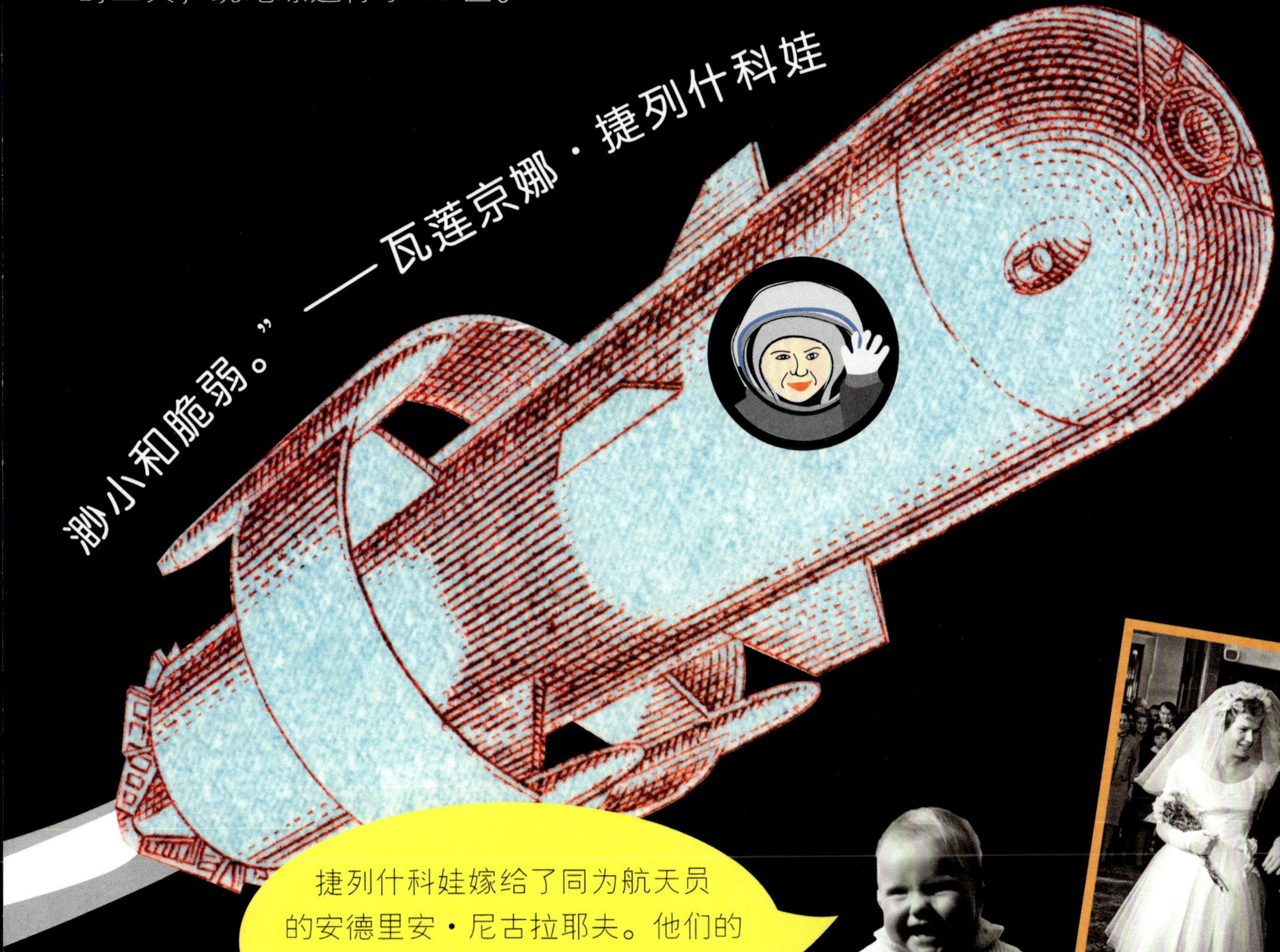

捷列什科娃嫁给了同为航天员的安德里安·尼古拉耶夫。他们的女儿叶连娜成为历史上第一位父母都去过太空的孩子。

国宝

捷列什科娃的成就为她赢得了**苏联民族英雄**的称号。虽然她没有再次进入太空，但却为其他女性航天员打下了基础。

“划进”世界纪录

费尔法克斯声称自己在旅途中看到了不明飞行物。

在人类首次登月的同一年，这位英国划艇运动员在世界上引起了轰动，成为第一个**独自**划船横渡海洋的人。

从童子军到航海家

约翰·费尔法克斯小时候曾读过许多冒险故事，并在童子军中学会了野外生存的技能。当他读了两个挪威人**划船横渡大西洋**的故事后，决定要超越他们，独自完成这次旅程。

我在旅途中结识了一只海豚，我给它取名为“杰里坎”。

“不列颠尼亚”号

BRITANNIA

独行

1969 年，费尔法克斯独自一人划着一艘名为“不列颠尼亚”号的船从距离非洲海岸不远的加那利群岛出发。他没有同伴，只能独自面对狂风暴雨和鲨鱼的包围。旅途中，他依靠有限的物资和捕到的鱼生存。经过 **180 多天**的划行，他抵达了美国佛罗里达州。

太平洋上的一对

两年后，费尔法克斯和女友西尔维娅·库克开启了横渡太平洋的旅程。**太平洋**是世界上最大的大洋，比大西洋大得多。历经 **363 天**，他们终于完成了目标，创造了世界纪录。

这对男女朋友在太平洋的冒险途中也曾遇到麻烦。费尔法克斯被鲨鱼咬过，他们还曾遭遇风暴！

孤独的探险家

大多数探险家和挑战极限者都是结伴而行的，但这位探险家却因**独自一人**完成了许多壮举而成名。

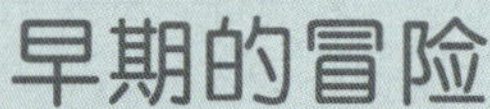

早期的冒险

1941 年，**植村直己**出生于日本。小时候的他很腼腆，缺乏自信心。为了克服这个缺点，他参加了许多体育运动，并爱上了野外徒步旅行和爬山。

植村一生中完成了许多令人惊叹的探险。

他乘坐木筏在**亚马孙河**上漂流了两个多月。

他用 53 天的时间徒步穿越了**整个**日本。

独自攀登

为了挑战自我，植村花了数年时间独自一人进行艰难的探险。在积累了多年的探险经验后，他开启了自己人生中最大的挑战——在冬季独自攀登北美洲的最高峰**麦金利山**。

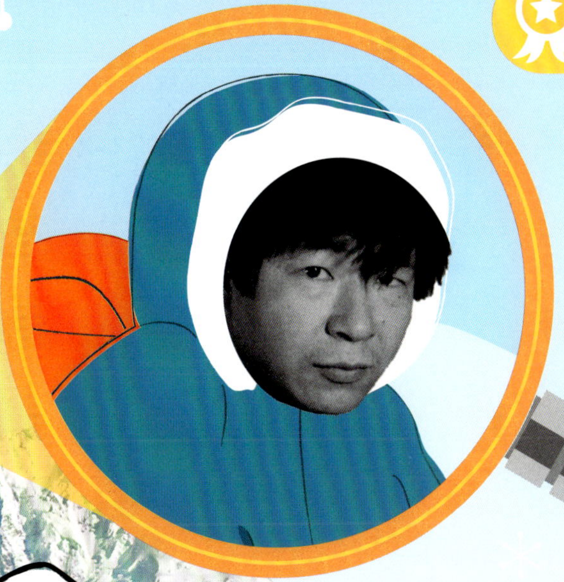

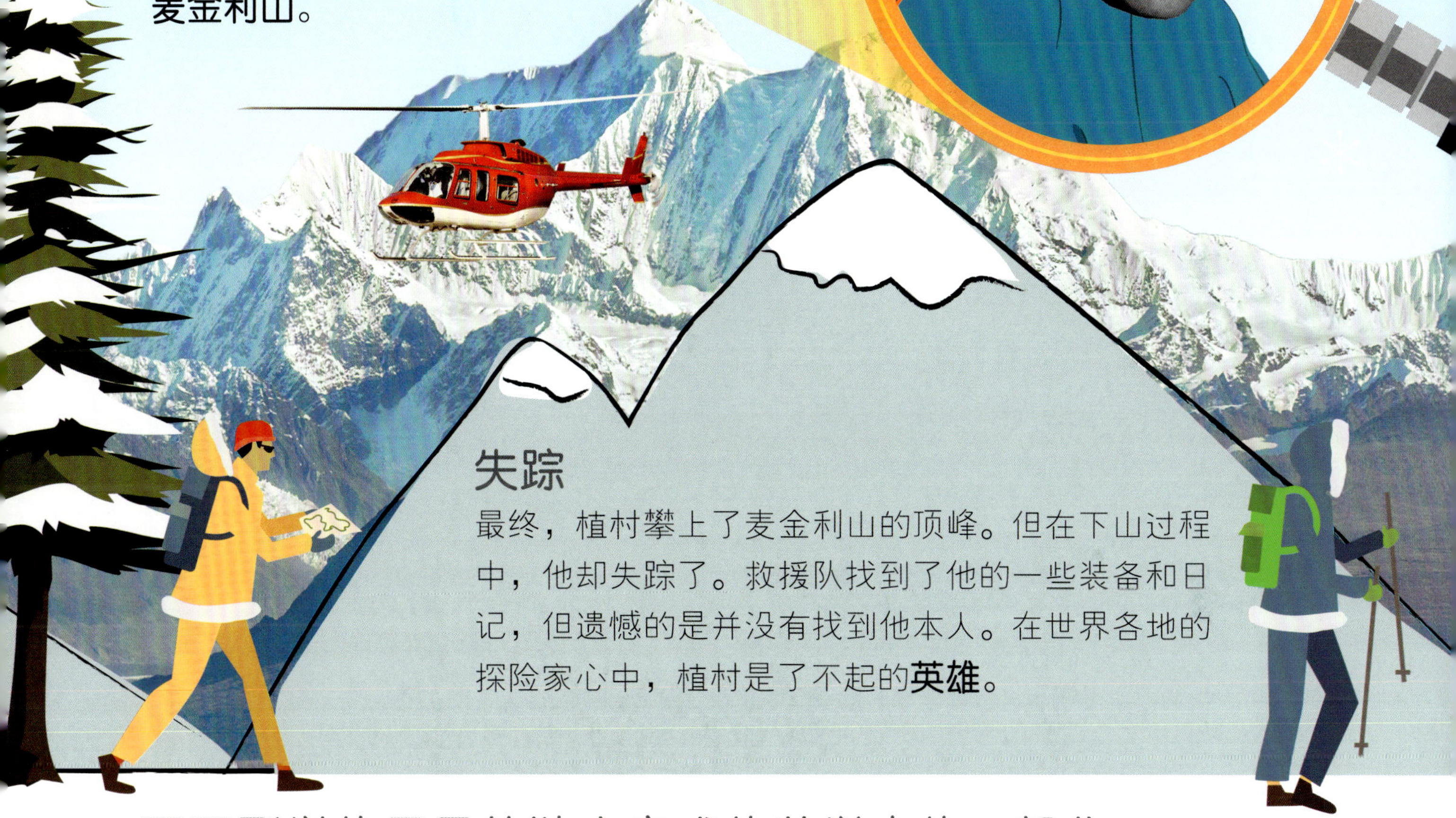

失踪

最终，植村攀上了麦金利山的顶峰。但在下山过程中，他却失踪了。救援队找到了他的一些装备和日记，但遗憾的是并没有找到他本人。在世界各地的探险家心中，植村是了不起的**英雄**。

下面列举的只是他独自完成的壮举中的一部分：

他登上了非洲最高峰**乞力马扎罗山**。

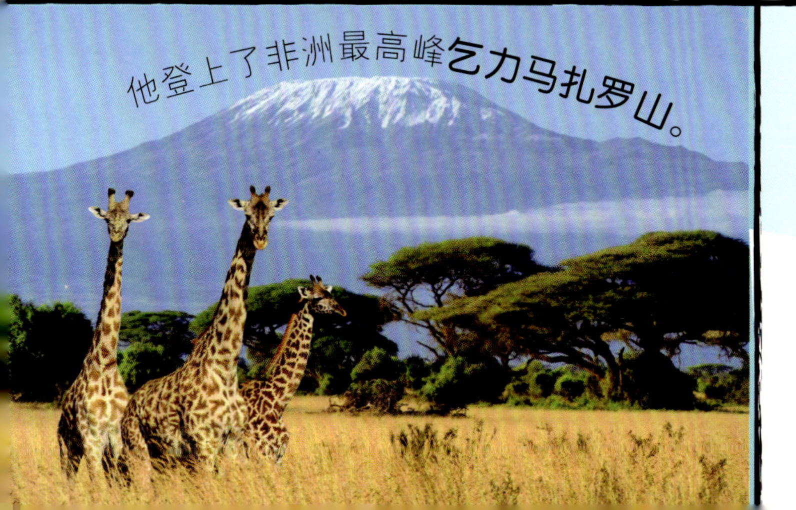

他乘坐狗拉雪橇抵达北极点，用时 54 天，成为**第一个**独自抵达北极点的人。

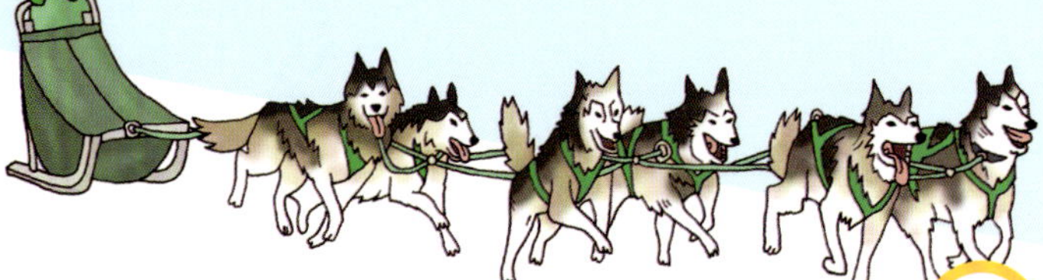

为自然而生

在**保护**野生动物领域，这位人称“鳄鱼猎人”的自然保护主义者表现得很有个性，也很有爱心。

鳄鱼猎人

澳大利亚人**史蒂夫·欧文**生于1962年，从小在动物的陪伴下长大。他的父母致力于保护爬行动物。父亲曾带他到澳大利亚内陆捕捉鳄鱼、蛇和蜥蜴。小时候，欧文曾抢在猎人猎杀鳄鱼之前拯救它们。

"我并不害怕失去生命。如果我必须用生命去拯救树袋熊、鳄鱼、袋鼠或者蛇，我会去救的。"
——史蒂夫·欧文

明星

1992 年，电视制作人看了欧文的录像片段后，为他量身定制了电视节目《鳄鱼猎人》。观众们喜欢他表现出的**巨大勇气**和充满活力的性格。欧文的电视节目拥有 5 亿观众，这些观众来自全世界 100 多个国家。

欧文说他害怕鹦鹉，因为鹦鹉曾经啄过他很多次！

继续保护事业

欧文的研究对象是一些**危险的、濒临灭绝**的动物。2006 年，他不幸被一条魟袭击致死。即便如此，他的妻子特丽和两个孩子罗伯特与宾迪仍继续着他的动物保护事业。

天生的荒野求生者

如果要在荒岛上生存，你需要什么？不是一本好书或一个舒适的枕头，也不是一瓶水……你真正需要的是**贝尔·格里尔斯**！

立于世界之巅

英国探险家贝尔·格里尔斯生于1974年。他从小喜欢户外活动，父亲曾教过他攀岩、徒步旅行和航海。长大后，他加入英国特种空勤团，磨练自己的**生存技能**。在一次跳伞事故中，格里尔斯背部受伤。伤愈后，他登上了珠穆朗玛峰，当时他只有23岁。

惊险与刺激

登上珠穆朗玛峰之后，格里尔斯开始了新的冒险之旅。他曾乘坐一艘小船横渡大西洋，在委内瑞拉的安赫尔瀑布上空玩滑翔伞。他甚至还创造了高空晚宴的**世界纪录**，在热气球上吃了一顿三道菜的晚餐，然后跳伞返回地面！

格里尔斯小时候是童子军的成员。2009年，他成为该协会的首席成员。

全世界有超过20亿人看过格里尔斯的电视节目。

生存技能

极端的自然条件让格里尔斯付出了代价。有一次，为了在沙漠的烈日下保持凉爽，他把尿撒在衬衫上，然后把衬衫披在头上！为了生存，他还吃过超大的昆虫幼虫、牦牛的眼球和鹿粪。

牦牛的眼球

鹿粪

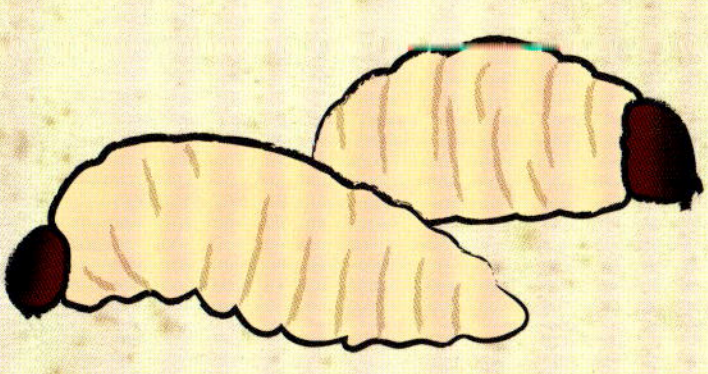

超大的昆虫幼虫

虽然格里尔斯吃过许多可怕的东西，但他最讨厌的却是抱子甘蓝！

乘风破浪

为了追逐自己的梦想，**劳拉·德克尔**在公海上奋力拼搏，成为世界上最年轻的完成单人环球航行的人。

劳拉·德克尔

扬帆起航

德克尔 6 岁开始独自航海。13 岁时，她萌生了独自**环球航行**的想法。但荷兰官方机构认为，她年龄太小，不能独自旅行。为此，德克尔提起了诉讼。2010 年，14 岁的德克尔驾驶着她的帆船“古比”号，从加勒比海起航。

海上遇险

航行中，德克尔遇到了许多**挑战**。“古比”号的船帆被卡住了，差一点撞上一艘集装箱运货船。她还经历了暴风雨和巨浪。她在航行中唯一的同伴是在甲板上爬来爬去的蟑螂和蚂蚁。

靠岸！

518天后，已经16岁的德克尔，在众人的注视下回到加勒比海，成为世界上**最年轻**的完成单人环球航行的人。

德克尔开设了一个博客记录自己的探险之旅，甚至在旅程中也不断更新！

德克尔旅程中的精彩片段包括遇到**企鹅**、**海豚**和**鲸**！

建筑师、创作者

与思想家

探险并不局限于爬山或者去太空旅行。有些人因为**勇于思考**、打破常规、坚持走自己的路，而突破了一些非比寻常的界限。这也是一种探险！

丝绸的故事

在**古代中国**，有一个被严加守护的秘密，这是一种制作**奢华丝线**的方法。这种丝线被制成丝绸，用于为统治者和贵族制作衣服。

蚕蛾

丝绸礼服

柔顺丝滑

丝源自**蚕蛾**的茧。蚕蛾的幼虫是桑蚕（毛毛虫），在变成蛹之前，它们会吐丝做**蚕茧**，将自己包裹起来。蚕丝最终被制作成一种质地非常柔软的织物——丝绸。

桑蚕

蚕茧

绝密

在中国古代神话传说中，黄帝的妻子嫘祖在桑树上发现了桑蚕吐出的闪闪发亮的蚕丝。后来，她发明了**织布机**，用蚕丝织出丝绸。从此，一个新的产业诞生了。然而，丝绸的制作方法被古代中国作为机密，保守了上千年。

当时，任何向他国透露丝绸的制作方法或将桑蚕带出中国的人，都会受到惩罚。

据说，拜占廷帝国皇帝查士丁尼买通了僧侣，让他们将桑蚕卵偷偷运出中国。拜占廷帝国不仅从中获得了利益，丝绸的制作方法也不再是秘密了。

商人们沿着丝绸之路，长途跋涉数千千米，到中国购买这种昂贵的织物。

丝绸之路

世界各国的统治者都想得到丝绸的制作方法，然而，在很长一段时期里，中国是丝绸的**唯一**产地。丝绸沿着一条固定的**贸易路线**输出到各国，这条贸易路线被称作丝绸之路。

如今，丝绸仍然是一种奢侈的织物。

智慧、公平的思想家

2500多年前，中国的**孔子**提出了一些伟大思想。这些思想对世界产生了深远的影响。

开创自己的道路

公元前551年，孔子出生于一个贵族家庭。最初，孔子人仕为官，由于他的是非观与很多官员的不同，树敌不少。于是，孔子决定辞官专心从事**教育**。

孔子的哲学思想包括：

公允

孔子在家乡开办了一所学校，他教的学生很快就达到了数千名。与当时大多数学校不同的是，孔子的学校对**所有人**开放，不论贫富。他形成了有关正确生活方式的哲学思想，并将它传授给学生们。

智者

孔子的教育理念以**真理**、**正义**和良好的**社会关系**为基础。虽然他的著作没有立刻流行起来，但他的思想逐渐被后来的历代皇帝采纳，为治国和修身提供了指导。

孔子的学说和语录被记录在一本名为《论语》的书中，这本书至今仍十分受欢迎。

岁月洗礼的纪念碑

圣索菲亚大教堂建于532～537年，是君士坦丁堡（今土耳其伊斯坦布尔）的一座大教堂。自建成以来，这座教堂历经诸多变迁。

“它应被视作人类文明的纪念碑。”

在千百年的时间里，圣索菲亚大教堂一直是**东正教**的中心教堂，是做礼拜与举行加冕礼（统治者即位）等仪式的场所。

1453年，奥斯曼帝国苏丹穆罕默德二世攻占君士坦丁堡，把圣索菲亚大教堂改为**清真寺**。大教堂的圣坛和钟均被拆除，连基督教主题的马赛克瓷砖画也被遮盖住。

圣索菲亚大教堂有约1500年的历史。

变迁的故事

这座标志性建筑物见证了数百年间的社会变化。最初，它是一座大教堂，后来改为清真寺，再后来又成为一座博物馆，而今又改为清真寺。

1934年，土耳其共和国首任总统凯末尔·阿塔图尔克下令禁止将圣索菲亚大教堂当作宗教集会的场所。

——凯末尔·阿塔图尔克

圣索菲亚大教堂改作清真寺约500年后，又被改成博物馆。博物馆如实展现了这座建筑物在**不同历史时期**的面貌，融合了基督教和伊斯兰教的各种艺术与装饰元素。2020年，圣索菲亚大教堂又被重新改为清真寺。

凯末尔·阿塔图尔克

测量地球

你有没有好奇过，地球到底有多大？如果你知道地球的大小，又是怎样知道的呢？2000多年前，一位聪明的**数学家**决定测量地球的大小。

太阳

埃拉托色尼

反射的光线

故事发生在古埃及的赛伊尼（今阿斯旺）。有一天，古希腊数学家**埃拉托色尼**发现，太阳光垂直照射进一口井中，并被水面原路反射了回来。他意识到，当时太阳的位置就在井的正上方，而这种情况每年只发生一次，即夏至那天。

不寻常的角度

一年后的夏至，埃拉托色尼在距离赛伊尼约800千米远的亚历山大进行观察，发现太阳光并不是直射到地面的，而是存在**角度**。他利用一根柱子的高度及其影子的长度，计算出太阳光斜射的角度为7.2°。

巧妙的计算方法

地球是圆的，而圆的圆周角为360°。埃拉托色尼通过计算，得出360°是7.2°的50倍。于是，他用赛伊尼与亚历山大之间的距离800千米乘以50，得出地球的周长约为**40000千米**。

如今，我们已经知道地球的周长是40075千米。埃拉托色尼计算的结果已经非常接近了！

埃拉托色尼是世界上第一个准确地估算出地球周长的人。当时，很多人仍然认为地球是平的！

隐秘的城市

在秘鲁的山区，一座神秘的古城偶然间被发现，从而揭开了一个世界上保守得**最严密的秘密**。

隐藏的瑰宝

数百年来，有一座城市一直隐藏在安第斯山脉云雾缭绕的山峦之中。美国考古学家**海勒姆·宾厄姆**从当地一位农民处得到消息，在巍峨的山峰之间有一处古代遗迹。1911 年，他发现了印加遗迹**马丘比丘**。

2007年，马丘比丘被评为世界新七大奇迹之一。

古老的帝国

印加帝国主要位于今秘鲁境内，其版图曾扩张至南美洲西海岸大部分地区。15 世纪，它从一个美洲印第安人的小部落，最终发展成为一个人口超过 1000 万的帝国。1532 年，饱经内战和瘟疫的印加帝国因西班牙征服者弗朗西斯科·皮萨罗的侵略而灭亡。

弗朗西斯科·皮萨罗

旅游胜地

宾厄姆写了一本畅销书《失落的印加古城》。书中描述了许多马丘比丘令人难以置信的细节。1983 年，马丘比丘被联合国教科文组织列入《世界遗产名录》，成为旅游胜地，每年接待游客约 100 万人！

艰苦繁重的工作

米开朗琪罗利用脚手架在高达 20 米的天顶上作画，用时**四年**才完成。不过，这些付出都是值得的——他的画作已经成为历史上最著名、最令人赞叹的艺术作品，每天有多达 2.5 万名游客前来参观！

米开朗琪罗的杰作

在梵蒂冈西斯廷教堂的天顶上，有一幅**艺术杰作**。这是一位了不起的人物花费四年时间才完成的。

出色的米开朗琪罗

米开朗琪罗出生于 1475 年，是意大利画家、雕塑家、建筑师和诗人。他将一生都献给了**艺术**，为当时的权贵创作了许多杰作。

不情愿的画家

教皇希望米开朗琪罗为西斯廷教堂的**天顶**画一幅壮丽的壁画。米开朗琪罗起初并不愿意接受这份工作，因为相比绘画，他更喜欢雕刻。直到 1508 年，他才接受邀请并开始创作。

音乐奇才

这位天才作曲家虽然丧失了**听觉**，却依然创作出许多音乐史上最伟大的作品。

天才音乐家

1770 年，**路德维希·凡·贝多芬**生于德国。他出身于音乐世家，是一名出色的钢琴家。贝多芬不喜欢上学，他 10 岁时从学校退学，去学习音乐。

创作音乐

贝多芬在 30 岁前谱写了许多成功的音乐作品，成为世界上最著名、最有地位的音乐家之一。不过，问题出现了——他开始觉得耳朵里有**嗡嗡作响**的声音。

贝多芬有许多令人交口称赞的作品，例如《月光奏鸣曲》。

无声的斗争

贝多芬的听觉逐渐丧失。46岁时，他**完全失聪**了。然而，他并没有放弃，深厚的音乐功底使他在丧失听觉的情况下依然可以凭借记忆创作出令人赞叹的乐曲。

贝多芬的听觉刚出现问题的时候，他曾使用过一种特殊的助听器。

关于贝多芬丧失听觉的原因，有一种说法是，他曾经为了保持头脑清醒而经常把头浸在冷水里。但没有人能证实这种说法。

故事时间

19世纪初，一对兄弟创作出世界上第一部**童话故事集**，从此改变了人们讲故事的方式。

“很久很久以前”

数百年来，人们讲述民间故事的热情从未减弱。以往，这些故事都是口口相传的，并没有形成文字。然而，德国的雅各布·格林和威廉·格林兄弟俩却将这些故事搜集起来，**集结成册**，供人学习研究。

经典童话故事

后来，格林兄弟对这些民间故事进行了改编，使它们更能吸引孩子们。1812 年，由《白雪公主》《汉赛尔与格莱特》《侏儒怪》《小红帽》等 86 个故事组成的第一本故事集出版。格林兄弟的故事集被称为**《格林童话》**，其中的许多故事全世界的孩子们至今仍在阅读。

1857年，《格林童话》中的故事从86个增加到211个！

格林童话

格林童话

威廉·格林

雅各布·格林

1865年版《格林童话》中《睡美人》故事的彩色插图。

格林兄弟为世界各国童话故事集的诞生树立了榜样。1835年，丹麦童话作家汉斯·克里斯蒂安·安徒生所著的《讲给孩子们听的故事集》出版。

汉斯·克里斯蒂安·安徒生

玛丽·雪莱

恐怖故事背后的故事

火山爆发一般情况下都会产生大量的热量，但坦博拉火山的爆发却因引发寒冷而闻名。更让人意想不到的是，这次火山爆发成为一本**著名小说**诞生的原因之一。

1815年，印度尼西亚的坦博拉火山爆发。火山喷出的火山灰遮天蔽日，地球因此而变冷。坦博拉火山的这次爆发影响十分巨大，以至于次年被人们称为“**没有夏天的一年**”。

那年夏天，作家**玛丽·雪莱**和她的朋友们到瑞士的日内瓦湖旅行。当时的天气糟透了，他们被困在室内，非常无聊。

为了打发时间，他们举行了一场比赛，看谁能够写出最好的**恐怖故事**。玛丽·雪莱受到一个梦和暴风雨的启发，创作了疯狂的科学怪人制造出巨型怪物，并通过**闪电**让它活过来的故事。
玛丽·雪莱将这个故事命名为《弗兰肯斯坦》。
《弗兰肯斯坦》成为有史以来最著名、最重要的著作之一。如果没有坦博拉火山的爆发，可能就不会有这本书。
弗兰肯斯坦

激励他人

失明和失聪的双重打击，并不能阻止**海伦·凯勒**成为历史上最励志的女性之一。

优秀教师

1880 年，海伦·凯勒出生于美国。在只有 19 个月大的时候，她患上了一种疾病，使她永远失去了视觉和听觉。她创造了一种独特的**手语**，并与她的老师**安妮·沙利文**一起练习手语拼写。

沙利文把水浇在凯勒的手上，同时用她的手指拼写水的英文“w-a-t-e-r”。

终生的伙伴

凯勒与沙利文一起工作了 49 年！凯勒通过触摸沙利文的面部表情并感受她说话时产生的震动而学会了说话。后来，凯勒周游世界 35 个国家，并在旅途中**发表演讲**，帮助其他的聋哑人和盲人。

电话的发明者亚历山大·格雷厄姆·贝尔曾帮助教育失聪儿童，他与凯勒成为朋友。

凯勒学会了阅读盲文，这是一种用凸起的圆点表示字母的文字。如今，盲文仍是盲人使用的文字。

盲文

架起桥梁

美国纽约的**布鲁克林大桥**工程刚进行到一半，总工程师华盛顿·罗布林就病倒了。谁来继续完成这项工作呢？

埃米莉出手

华盛顿·罗布林的妻子**埃米莉·罗布林**出人意料地提供了帮助。埃米莉并不是一名经过专业培训的工程师，而且在19世纪末，女性建筑行业从业者是非常罕见的。有些人不相信她能胜任这份工作。

在埃米莉接手前

约翰·罗布林

华盛顿·罗布林

其实，华盛顿·罗布林也不是第一个接手该项目的总工程师，大桥的第一位总工程师是他的父亲约翰·罗布林。约翰·罗布林在实地勘测过程中脚部受伤，后因伤口感染而不治身亡。幸运的是，埃米莉对丈夫的工作十分了解，她非常聪明、技术娴熟且信念坚定。

布鲁克林大桥工程耗时14年。

成功开通

建造这座桥梁是一项十分艰巨的任务。1883 年 5 月 24 日，大桥正式完工。美国总统切斯特·阿瑟亲自为大桥揭幕，埃米莉第一个走过大桥。这位美国的**民族英雄**不仅帮助完成了桥梁建设，还成为男女平等的榜样。

埃米莉·罗布林

美国纽约的布鲁克林大桥被誉为现代最伟大的工程奇迹之一。

象征自由的礼物

你能够想到的最大的礼物是什么？它跟**自由女神像**比，哪个更大？1886年，法国将这尊巨型雕像作为礼物送给了美国！

自由女神

自由女神像是法国为庆祝法美友谊而赠送给美国的礼物。雕塑家**弗雷德里克–奥古斯特·巴托尔迪**负责设计，埃菲尔铁塔的工程师**古斯塔夫·埃菲尔**负责建造自由女神像的框架。

巨大的雕像

这座雕像是在法国建造的，然后被拆分成许多小块，**漂洋过海**运到美国。1886 年，雕像在纽约港的自由岛进行组装。自由女神像高 93 米，是当时世界上最高的钢铁建筑。

如今，自由岛是非常受欢迎的旅游景点，人们可以乘渡轮前去参观。

这座雕像的原型是罗马神话中象征自由的女神利柏耳塔斯。

自由女神像原本是亮棕色的，如今变成了绿色。这是因为，随着时间的推移，雕像表面的铜发生了化学反应，颜色也随之改变。

这座雕像面朝东南，对驶入纽约港的船只表示欢迎。

数百万移民抵达美国，第一眼看到的就是自由女神像。

探险故事

法国作家**儒勒·凡尔纳**笔下的故事，激发了数百万读者的想象力，将他们的思路带入海底，甚至更远的地方……

儒勒·凡尔纳

鼓舞人心的故事

1828 年出生的儒勒·凡尔纳，成长于崇尚**探险**的环境之中。他的家乡南特是法国的港口城市，随处可见前往各个神奇地域的船只。在学校里，他的老师也会向他讲述自己丈夫的故事。老师的丈夫是一名水手，可能遭遇了海难，但老师总是抱有他能够归来的期望。

写作探险故事

1863 年，写过许多剧本的凡尔纳受邀为一本旅游杂志创作一篇富有激情和教育意义的故事。于是，他写下了《气球上的五星期》，故事讲的是三个人在非洲探险的故事。这是他的《奇异旅行》系列作品的第一部。

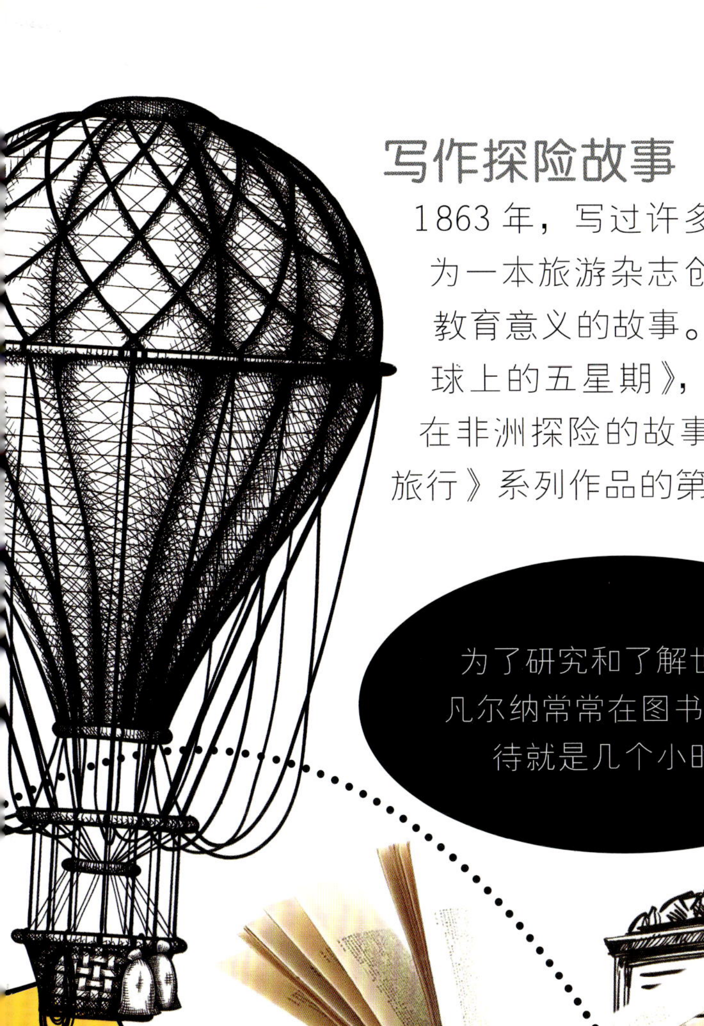

为了研究和了解世界，凡尔纳常常在图书馆里一待就是几个小时。

逃离现实

凡尔纳的书非常受欢迎。人们喜欢他那种让**读者**放飞想象，到从未去过的地方探险的故事。在他的作品中，最受欢迎的一部是《八十天环游地球》，讲述了一个人环游世界的故事。

尤里 · 加加林

不朽的遗产

凡尔纳的书至今仍十分畅销，并且许多都被改编成了戏剧和电影。很多著名的探险家，比如航天员尤里 · 加加林，都曾表示自己受到了凡尔纳作品的**鼓舞**。

西非游记

英国旅行作家和探险家**玛丽·金斯利**热衷于研究人类、文化和动物。1893年，她收拾好行囊，独自一人前往陌生的西非大地。

未知世界之旅

虽然当时的英国统治着一些非洲国家，但英国人却完全不了解非洲人的生活。他们甚至有一种误解，认为非洲到处是疾病和奇怪的民族。西非更是被视为**“世界上最恐怖的死亡之地”**。但玛丽·金斯利全然无视这些谣言，毅然去了那里。

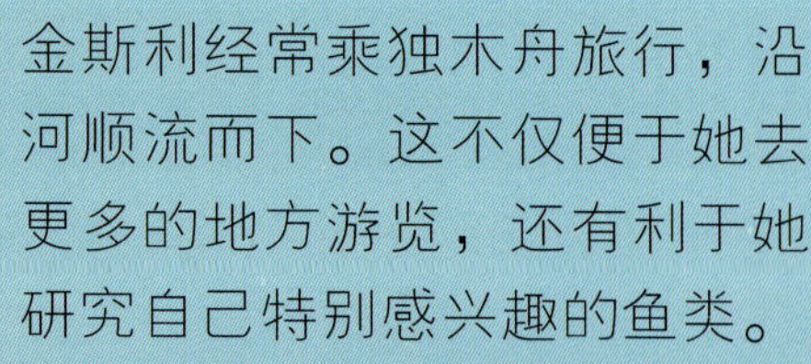

金斯利经常乘独木舟旅行，沿河顺流而下。这不仅便于她去更多的地方游览，还有利于她研究自己特别感兴趣的鱼类。

在金斯利的第一次探险之旅中，她见到了尼日利亚卡拉巴尔的国王。

独立女性

当时，几乎没有欧洲人深入非洲人的生活，女性探险家则更是少之又少。然而，金斯利并没有因遭到批评而**退缩**。她造访了各个部落，与当地人生活在一起，了解他们的文化。同时，她也在努力寻找新的动物物种。

金斯利一直坚持穿女式衬衫、伞裙和连衣裙，就像在英国时那样。

讲述真相

金斯利进行过两次非洲之旅，出版了两本关于自己旅行经历的畅销书。她向欧洲人证明，非洲不是一个可怕的地方，非洲人**跟欧洲人一样**拥有令人惊叹的文化，他们的文化不应遭到毁坏。

尚未竣工的杰作

1882年，雄伟的**圣家族大教堂**在西班牙的巴塞罗那动工。这座教堂预计2026年才能完工！

圣家族大教堂设计如此复杂的原因之一，是高迪没有采用普通建筑物中的直线进行设计，而是从自然界中汲取灵感。

雄心勃勃的建筑师

安东尼·高迪是圣家族大教堂的设计师。这座建筑物**设计复杂**，高迪耗费了40多年的时间对其进行完善。由于这座教堂太过宏大，他有生之年无法看到自己的杰作完工。

圣家族大教堂的修建时长预计将达到144年。

困难重重

圣家族大教堂开始建造以来，世界发生了许多变化。战争、疾病、抗议和资金短缺都曾导致大教堂的工期延迟。在 1936 年西班牙内战期间，高迪的设计图在一场大火中被烧毁。尽管经历了如此多的挫折，新的建筑师们仍在继续修建**高迪设计的这座建筑物**。

看到曙光

每年接待 **450 万名游客**的门票收入，加之社会捐助，很快就可以使高迪的宏大设计成为现实。这座美丽的建筑物将在高迪逝世一百周年，即 2026 年竣工。

大金字塔的修建也只用了20年！

海底摄影家

1910年，**雅克·库斯托**出生于法国。他从小就对海底探险充满热情。在他从事探险活动之前，人类对海底世界几乎一无所知。

水肺

雅克·库斯托

深海梦想

20 世纪初，能够帮助人类探索海洋世界的技术少之又少。因此，1943 年，雅克·库斯托与他的工程师朋友埃米尔·加尼昂，一起发明了一种可以让潜水员在水下呼吸的设备。这是一种装有压缩空气的罐子，他们称之为**“水肺”**。

库斯托深信，人类可以在海中生活和工作。1962年，他的团队建造了第一个水下栖息地，两名潜水员在那里生活了一个星期！

库斯托协助建造了第一艘用于海洋探索的潜水器，叫作“潜水碟”。

深海探索

库斯托进行过大量的**科学研究**，都是在那艘著名的“卡里普索”号上完成的。1996 年，“卡里普索”号被一艘驳船撞沉了！后来，它被打捞上来，进行维修。

潜水碟

才思泉涌

库斯托把自己对海洋的热爱分享给了全世界。他拍电影、写书、摄影。他的许多电视纪录片都非常受欢迎，激励数百万人**关注**地球水下栖息地的保护。

没有任何地方比得上家

这位畅销书作家、诗人离开乡村生活，到海外**旅行**多年，最终发现心之所向即是家。

洛瑞·李

甜蜜的家

自1914年出生以来，**劳伦斯·李**就被称作“洛瑞”，他与六个兄弟姐妹和母亲一起在英国乡村长大。他的童年，是在家乡的树林里自由自在地度过的。

“在我离开山谷之前，
我以为全世界都是一样的。然而，
当我40年后回来时才发现，没有任
何一个地方比得上这里。”
——洛瑞·李

长大离巢

1934年的一个早晨，李离开了家乡，徒步前往伦敦。不过很快，他就不满足于此，想去**更广阔的世界**看看。于是，他登上了一艘前往西班牙的船，并在那里徒步探索了四年，依靠拉小提琴勉强维持生计。虽然李很享受这段经历，但也开始想家了。

浪子回乡

西班牙内战爆发时，李在西班牙为自由抗争。但无论走到哪里，他总回想起**童年时代的家乡**。20世纪60年代，他回到家乡，将余生用于著书和写诗。

波普艺术先锋

“每个人都可以成名15分钟。”
——安迪·沃霍尔

美国流行文化的代表人物为普通大众创作了许多**杰出的作品**。

开山立派的艺术家

安迪·沃霍尔成长于20世纪30年代的美国。他从小学习艺术，对油画、摄影等艺术形式产生了浓厚的兴趣。虽然他也在画廊展出自己的作品，但他更想改变传统，带给世界一种**新的艺术风格**。

安迪·沃霍尔

沃霍尔希望自己的作品既能够吸引人，又能够让普通人买得起。

名誉与财富

20 世纪 60 年代，沃霍尔在纽约成立了一个名为“工厂”的工作室。许多富有创造力的人聚在这里。沃霍尔成为**波普艺术**运动的一员，以普通产品和名人为主角进行创作，突破传统艺术。沃霍尔成为这一运动中最著名的人物。

沃霍尔的作品常常以普通商品为主题，比如西红柿汤罐头。

沃霍尔复制的人物头像。

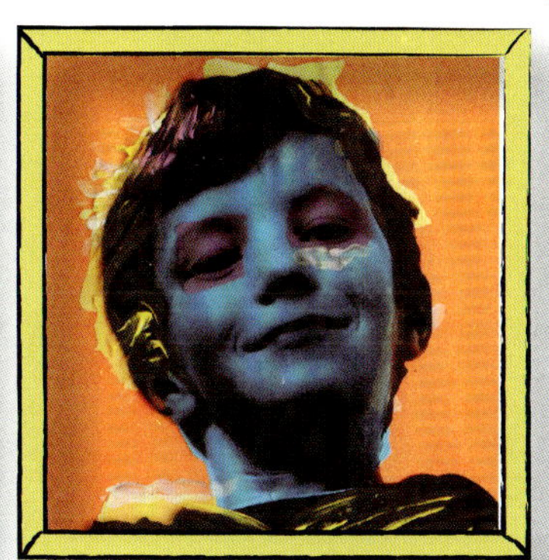

面向大众的艺术

沃霍尔的作品一眼就能被认出来。他的作品多次采用电影明星和音乐巨匠的形象，同时添加了**浓重的**色彩和摄影效果。沃霍尔将简单的复制技法应用到作品中，以此让人们都能够拥有他的作品。直到今天，波普艺术仍然十分流行。

沃霍尔用丝网印刷的方法将作品印在画布上。这样可以快速、反复地复制作品。

人机大战

当世界上最优秀的棋手与最先进的人工智能较量时，谁会胜出呢？

“还有一个我无法战胜的实体，那就是人工智能。”
——李世石

天才棋手

1983 年，李世石出生于韩国。他从小学习**围棋**，长大以后，成为一名职业围棋选手，并先后斩获了 18 个世界冠军。他拥有很多崇拜者，他们钦佩李世石的创造力和技巧。

获胜方的奖金为100万美元。比赛结束后，

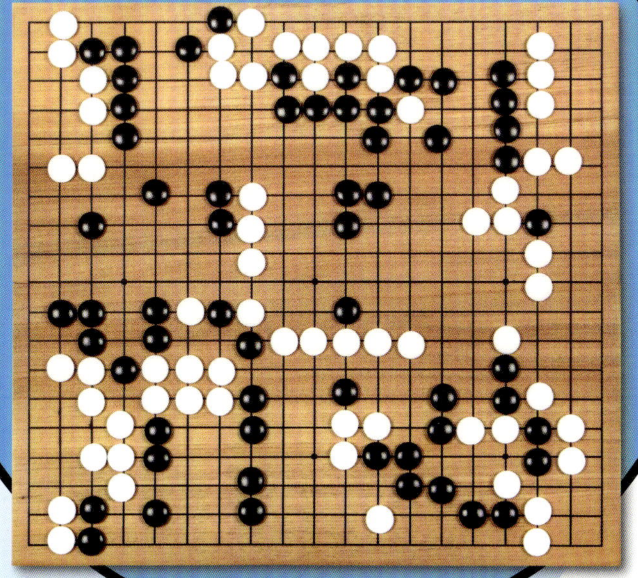

棋逢对手

谷歌公司开发了一款名为“阿尔法围棋”的**人工智能**计算机程序，并请世界最优秀的棋手与之对战，以此测试它的性能。阿尔法围棋击败欧洲围棋冠军后，开始与围棋大师李世石对决。李世石非常自信地宣称，自己将会以压倒性优势获胜。然而，压力随之而来……

围棋是源自中国的一种十分古老的游戏。棋手通过策略和创造性思维来获取对手的棋子并控制棋局。

名副其实

李世石艰苦对战，但阿尔法围棋太强了。这个程序已经演练过无数次，并且**一直在学习**。它与李世石不同，它不需要休息。李世石输了前三局，在第四局中取胜，最终以 1 比 4 落败。

李世石的绰号叫作“硬石头”。

李世石虽然输掉了比赛，但面对如此强大的人工智能程序，能够扳回一局，已经是令人难以置信的成就了。

这笔奖金被捐给了**慈善机构**。

慷慨的回馈

亿万富翁比尔·盖茨和梅琳达·盖茨用他们宽广的胸怀和巨大的财富，为**世界变得更加美好**做出努力。

计算机天才

美国人**比尔·盖茨**的财富来源于他对计算机的热爱。1974年，盖茨和他的朋友**保罗·艾伦**成立了他们自己的软件公司，也就是**微软**公司。后来，微软成为世界上最大的公司之一，盖茨和艾伦因此成了富翁。

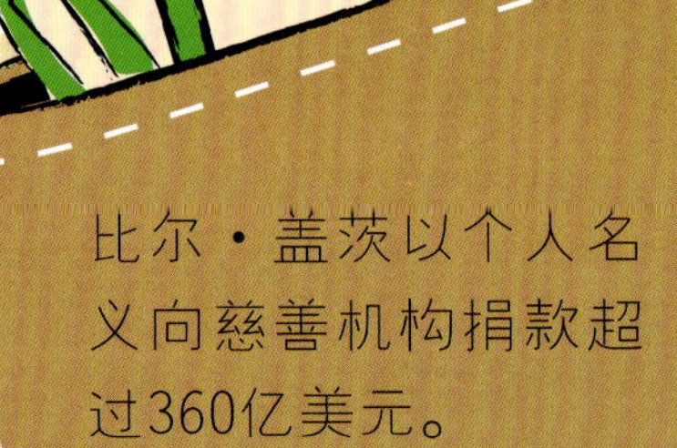

比尔·盖茨以个人名义向慈善机构捐款超过360亿美元。

比尔和梅琳达·盖茨基金会的核心理念：所有生命都是平等的。

回馈社会

比尔·盖茨想用自己的财富帮助别人，于是在 2000 年，他与梅琳达·盖茨共同成立了**比尔和梅琳达·盖茨基金会**。这个基金会致力于促进人人平等，无论贫富，并关注人类**健康、教育和气候变化**等问题，为改善全世界人民生活的项目提供资助。

成长与改变

该基金会帮助过许多发展中国家，曾捐赠数十亿美元，用于消灭**疟疾**和**脊髓灰质炎**等疾病。

梅琳达·盖茨

比尔·盖茨

2016年，比尔·盖茨与梅琳达·盖茨因其慷慨捐赠而被授予总统自由勋章。

特技演员与冒险家

远离危险是常人的天性，但有一些勇敢的（疯狂的）人却喜欢寻求刺激，直面危险，并尝试做一些令人难以置信的**特技**，让观众们看得瑟瑟发抖！接下来，请坐稳了，让我们一起来看看这些令人胆战心惊的特技表演吧。但是记住，千万**不要模仿**哦！

※ 危险动作，切勿模仿。

惊人的热气球飞行员

19世纪初，热气球飞行员们完成过许多令人惊叹的空中表演。**索菲·布朗夏尔**是世界上第一位女性职业热气球飞行员，也是最受欢迎的热气球飞行员之一。

空中表演

布朗夏尔出生于法国，她以令人惊叹的热气球表演闻名欧洲。驾驶热气球升到高空后，她不仅能在热气球上燃放**烟花**，而且还能让小狗背着降落伞空降到地面，赢得观众的喝彩。

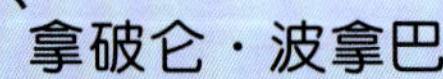

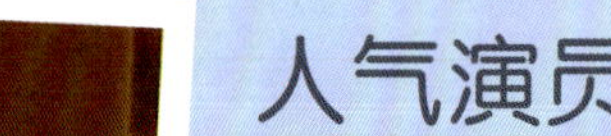

人气演员

布朗夏尔曾为许多重要人物表演，包括法兰西帝国皇帝**拿破仑·波拿巴**。布朗夏尔给拿破仑留下了深刻的印象。拿破仑称她为“官方节日热气球飞行员”，并邀请她在一些自己出席的特殊场合进行表演。

奇怪的是，布朗夏尔说自己很容易受到惊吓，尤其害怕巨大的噪声。不过，在空中，她无所畏惧。

时代的终结

热气球是很危险的。1819 年，悲剧发生了。在表演的时候，一束烟花**点燃了**布朗夏尔的热气球，导致热气球坠毁。布朗夏尔被认为是史上最伟大的热气球飞行员之一。

当时，并不是所有人都认识热气球。在一次飞行中，布朗夏尔降落在一块农田里，却被当地人用棍子追打。因为，当地人把她当成了会飞的恶魔！

※ 危险动作，切勿模仿。

美国第一名特技演员

你做过最可怕的事情是什么？它们可能都比不上山姆·帕奇的**疯狂跳跃**！

大瀑布

“拿破仑是伟人，伟大的将军。他可以打败敌军，征服国家，但他却不能从杰纳西河的大瀑布上跳下去。”

——山姆·帕奇

山姆·帕奇

跳跃人生的开端

1807 年，**山姆·帕奇**出生于美国。他的一生短暂却充实。在孩提时代，他就向朋友们炫耀，说自己能从当地的一座桥上跳入河中。长大后，他开始冒着生命危险为付费的观众表演跳瀑布。

尼亚加拉瀑布

信仰之跳

1829 年，帕奇把目光投向了尼亚加拉瀑布。他在水流湍急的瀑布上方搭起一个跳台，纵身跳入水中。随后，他又升高了跳台，并再次成功地跳下。他起跳的高度**越高**，观看的观众也就越多。

最后一跳

1829 年，帕奇决定从杰纳西河的大瀑布上跳下去。他的表演成功了，大约有 8000 名观众付费观看。一周后，他决定从大瀑布更高的地方再跳一次。遗憾的是，这成了他的最后一跳。

帕奇在跳杰纳西河的大瀑布时，他的宠物黑熊首先跳了下去。在确认自己的宠物安全后，帕奇跟着跳了下去。

※ 危险动作，切勿模仿。

平衡表演

到尼亚加拉瀑布的人，大多数都兴高采烈地欣赏风景和拍照。但**查尔斯·布隆丹**来到这里却是为了在瀑布上空走钢丝。

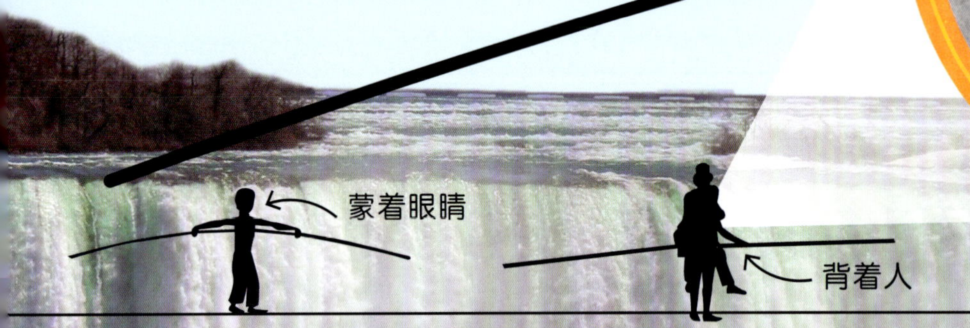

蒙着眼睛

背着人

这位无畏的法国人在五岁时就成了一名杂技演员，被称为“神奇男孩”。

走钢丝

1859 年，布隆丹在没有安全网和安全带的情况下，走钢丝穿越了美国和加拿大边境上的尼亚加拉瀑布，创造了历史。在表演过程中，他还停下来喝酒，并为观看的人群**拍照**！

布隆丹的经纪人（布隆丹曾经背着他在瀑布上空走钢丝）这样形容布隆丹：“与其说他是人，不如说他更像一个神奇的精灵。”

高空冒险家

这名特技演员玩过很多花样，他层出不穷的新玩法总是让观众**惊叹不已**。他曾蒙着眼睛、背着人、倒着、推着手推车在瀑布上空走钢丝，甚至还在钢丝上煎了一个鸡蛋并把它吃掉了！

倒着走

推着手推车

在钢丝上吃东西

布隆丹的钢丝距离水面48米，相当于10头长颈鹿的高度！

伟大的布隆丹

布隆丹的表演引起了各国王子与总统的关注。人们曾经**打赌**他会不会从钢丝上掉下来摔死。然而，他走钢丝穿越瀑布 300 次，从未掉下来。72 岁时，布隆丹安详地离开了人世。

※ 危险动作，切勿模仿。

人体炮弹

想象一下，如果一个人被**大炮**发射出来，会是什么感觉？1877年，这名高空杂技演员在少年时期就创造了这方面的历史。

飞天冒险家

1863 年，**罗萨 · 玛蒂尔达 · 里克特**出生于伦敦。她从小就知道自己不想过“平凡”的生活。后来，她成为一名杂技演员，表演走钢丝和空中飞人。14 岁时，她开始使用艺名**莎泽尔**。

为了增强演出效果，表演过程中还配有火药爆炸的声音。

莎泽尔在观众面
前表演过1000多次
人体炮弹。

重要的夜晚

为了创造历史，莎泽尔决定成为第一个被大炮发射出来的人。无数观众前来观看她的表演。一声**巨响**过后，莎泽尔腾空而起，飞到6米高的空中，并落在安全网上。

事实上，大炮里并没有火药，里面只安装了弹力很强的弹簧。

起起落落

莎泽尔的表演非常危险。有一次，她在表演中坠落，摔断了脊椎。虽然后来康复了，但她再也没有表演过。尽管结局凄凉，但这位勇敢的女性仍被人们视为天空中的耀眼**流星**。

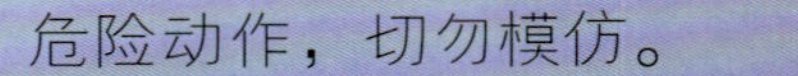
※ 危险动作，切勿模仿。

跳伞先锋

这位英勇无畏的少女抓住了机会，成为世界上**第一位**从飞机上跳伞的**女性**。

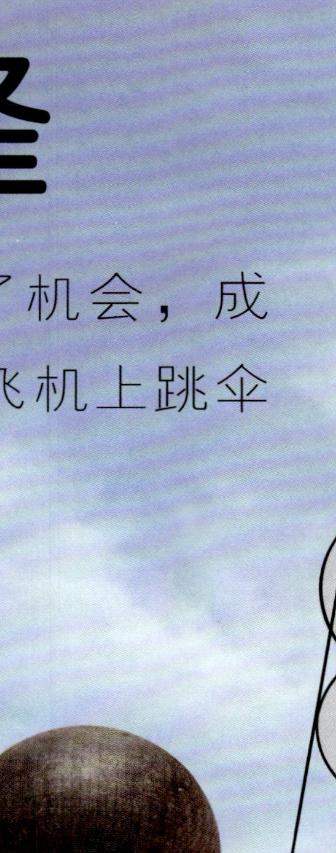

为喜欢而跳

1893 年，**乔治娅·汤普森**出生于美国。由于身材娇小，她得了一个“**蒂尼**”（Tiny，意为“小个子”）的昵称。十几岁的时候，蒂尼就喜欢观看特技演员的表演。15 岁时，她请求加入跳伞节目经理查尔斯·布罗德维克的公司，布罗德维克同意了。

蒂尼为观众们表演热气球跳伞，成了节目明星。

查尔斯·布罗德维克收养了蒂尼，蒂尼因而改姓布罗德维克，也就是后来的蒂尼·布罗德维克。

娇小的演员

起初，蒂尼在美国各地的集市和公园为观众表演热气球跳伞。1913 年，她成为第一位从**飞机上跳伞**的女性。蒂尼从飞机上跳下后，查尔斯·布罗德维克为她制作的丝绸降落伞立即打开，降落伞中充满了空气，蒂尼慢慢地落回地面。

第一次自由落体

后来，蒂尼又从军用飞机上表演跳伞。有一次，降落伞的一根伞绳缠在了飞机尾翼上，她果断割断了伞绳，坠向地面。这是人类第一次在高空**自由落体下落**。随后，蒂尼迅速采取行动，手动打开了降落伞。

经历多次事故和骨折后，蒂尼于1922年退休，并一直活到1978年。

※ 危险动作，切勿模仿。

逃脱专家

这是一位幻术大师。他表演的绝妙特技和**令人难以置信的逃脱**，震惊了世界各地的观众。

哈里·胡迪尼

手铐之王

1874 年，埃里克·魏斯出生于匈牙利，四岁时移居美国。长大后，他成了一名**魔术师**和**逃脱艺术家**，艺名叫作**哈里·胡迪尼**。他因早年在舞台上表演手铐逃脱术而成名，还获得了“手铐之王”的绰号。

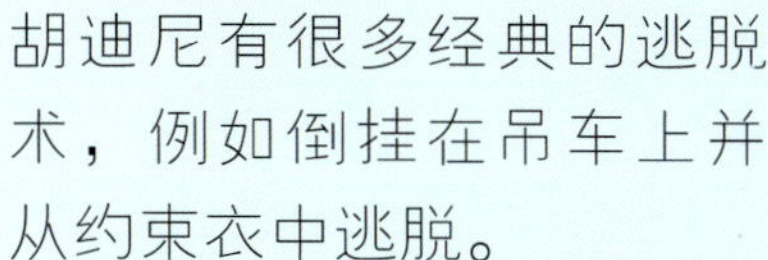

胡迪尼有很多经典的逃脱术，例如倒挂在吊车上并从约束衣中逃脱。

水下逃生

1912 年，胡迪尼开创了他**最著名**的逃脱术。他自愿戴上手铐，钻进木箱里。木箱被钉死，并被扔进纽约的伊斯特河！令人惊讶的是，仅仅几分钟后，他就挣脱了手铐，浮出水面！

事实上，胡迪尼在木箱被钉死之前就已经解开了手铐！

他怎么从这里面脱身？

魔术还是骗术？

胡迪尼是如何逃出木箱的呢？答案是，木箱上有一个**暗门**，可以让他逃脱并游到安全的地方。即便如此，这个过程仍然充满**危险**。有一次，木箱暗门朝下陷进了河底的淤泥里，给他的逃脱带来了巨大的困难！

※ 危险动作，切勿模仿。

落入历史

有些人为了赚钱谋生，需要承受巨大的风险。这其中，**安妮·埃德森·泰勒**所承受的风险是非常大的。

泰勒在尝试这个大胆的壮举之前，曾是一名执教多年的教师。

蓝图

1838 年，泰勒出生于一个富裕的美国家庭，但她却一直担心会变穷。1901 年，她想到一个主意，希望能借此给自己带来财富：她要成为世界上第一个从**尼亚加拉瀑布**上落下并幸存的人。尼亚加拉瀑布是世界上最大的瀑布之一。

真实瞬间

泰勒的计划是钻进木桶里从瀑布上**落下**。在 63 岁生日那天，她乘坐的木桶被从船上放入水中，激流很快就将其卷走。她从瀑布上落下来后，被成功救起，几乎没有受伤。

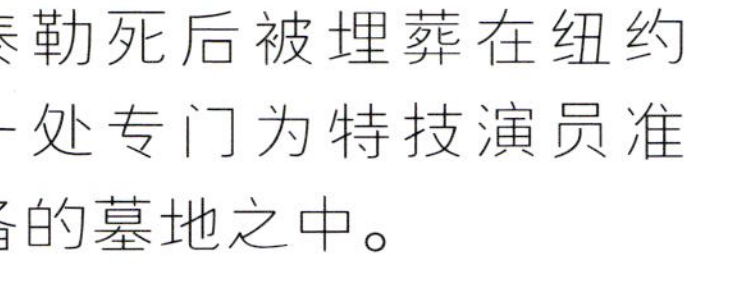

木桶是用结实的橡木做的，再用铁箍进行加固。泰勒还在木桶里放了一个垫子。

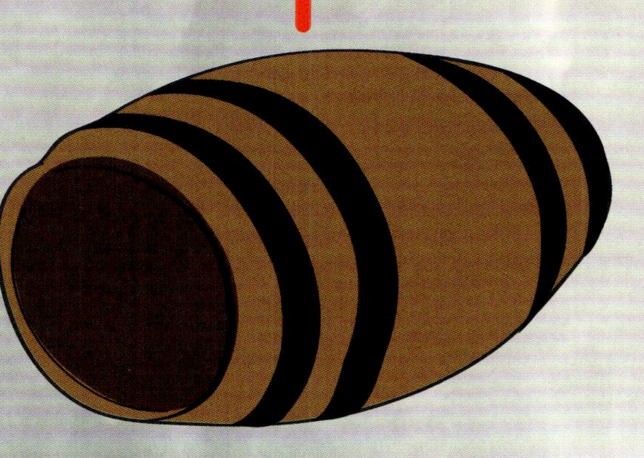

短暂的成功

虽然泰勒成为世界上第一个活着落下尼亚加拉瀑布的人，但遗憾的是，她所期望的**财富**并没有随之而来。

泰勒死后被埋葬在纽约一处专门为特技演员准备的墓地之中。

※ 危险动作，切勿模仿。

展翅高飞

这名勇敢的**机翼步行者**表演的惊险特技，让观众们目瞪口呆。

莉莲·博耶

第一次飞行

1901 年，**莉莲·博耶**出生于美国。她起初是一名服务员。一次偶然的机会，一位顾客邀请她乘坐飞机，从此她的生活发生了意想不到的变化。她喜爱在空中飞翔时那种兴奋的感觉。在第二次乘坐飞机的时候，博耶爬到了飞机外面，沿着机翼行走！不久之后，她成了一名专业机翼步行者。

“我从来没有害怕过。”
——莉莲·博耶

大胆的特技表演

1921 ～ 1928 年，博耶多次乘坐战斗机飞行员比利·布罗克驾驶的飞机飞上天空。博耶大胆的特技表演一次比一次**惊险**。她表演过用脚倒挂在飞机上，在机翼上倒立，甚至还曾经从空中的一架飞机跳到另一架飞机上。

哇哦！

无畏的博耶还喜欢跳伞。

万众瞩目

这颗冉冉升起的新星很快登上了报纸头条。她与布罗克合作，开始了自己的特技表演生涯，在美国和加拿大表演过 **350 多次机翼行走**。

博耶认为观众最喜欢看的是她用牙齿咬住飞机上的绳索，将自己悬挂在上面的表演！

※ 危险动作，切勿模仿。

超级特技演员

1967年，在美国拉斯维加斯的凯撒宫，摩托车特技演员**埃维尔·克尼维尔**沿着坡道全力冲刺，试图从两眼巨大的喷泉上空飞越。他能成功吗？

一跃而起

此前，克尼维尔曾表演过许多次惊险的摩托车飞越，但这次飞越的障碍物是**最大的**。一大群观众聚集在一起，屏气凝神，看着身穿标志性红、白、蓝三色皮质连体衣的克尼维尔一跃而起。

意外

克尼维尔成功飞越了喷泉，但在他着陆的时候，摩托车后轮**卡在**了安全坡道上。克尼维尔飞了出去，重重地摔在地上。克尼维尔被紧急送往医院。他全身多处骨折，卧床休息了一个月。

几年后，克尼维尔在英格兰的温布利球场，从13辆巴士上空飞越！

克尼维尔还是个孩子的时候，就曾骑着摩托车从装着响尾蛇的箱子上越过！

※ 危险动作，切勿模仿。

超声速巨星

想象一下，在一秒钟内走过三个足球场的距离是什么感觉！这名美国飞行员是世界上第一个驾驶飞机以**超声速**飞行的人。

勇敢的飞行员

对于飞行员**查克·耶格尔**而言，天空是无限的。1941年加入美国空军后，他成为一名战斗机飞行员。在第二次世界大战期间，他曾执行过64次任务。耶格尔击落过敌机，也在法国上空被敌人击落过。

耶格尔曾驾驶过200多种

轰！

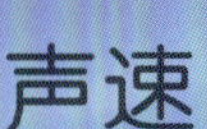

当耶格尔的飞机突破声障时，飞机发出的冲击波产生了一种巨大的声响，也就是“声爆”。

声速

战争结束后，耶格尔曾担任过各种类型飞机的试飞员。1947 年 10 月，他的飞行速度**超过了声速**，达到 1234 千米 / 时。这是世界上首次突破声速的飞行，耶格尔的名字因此被载入史册。六年后，他又创下了超过两倍声速的飞行速度！

“再大的危险也无法阻止必须完成的任务。”
——查克·耶格尔

耶格尔89岁的时候，坐在别人驾驶的飞机上，重新体验了自己破纪录的飞行速度！

※ 危险动作，切勿模仿。

太空跳伞

去过太空的人不多，那从太空跳回地球的人又有多少呢？一定**更少**。菲利克斯·鲍姆加特纳就是少数人中的一员。

38970米
鲍姆加特纳跳下时的高度

奥地利极限运动员菲利克斯·鲍姆加特纳是世界上第一个从太空边缘**跳伞**返回地球的人。但在跳伞之前，他需要先找到抵达那里的方法……

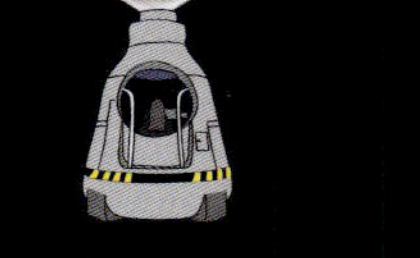

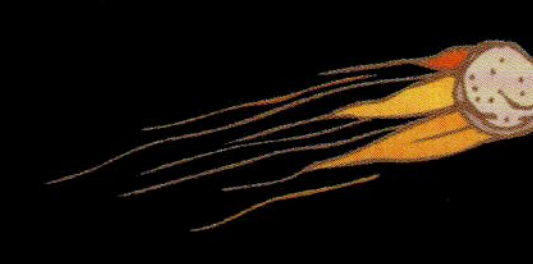

鲍姆加特纳的服装上安装了许多摄像头和氧气罐。

鲍姆加特纳与他的科学家团队历时多年，制订了周密的计划。他们认为抵达太空边缘最好的方法是乘坐特制的**热气球**。团队还为鲍姆加特纳制作了一套专用的服装。

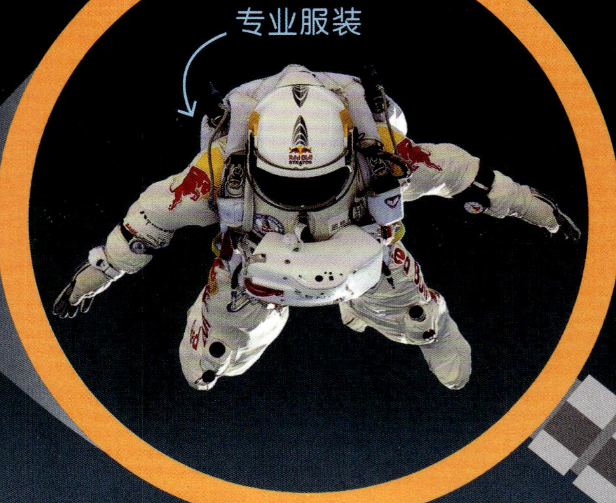
专业服装

菲利克斯·鲍姆加特纳

2012年10月15日，经过多年的计划，鲍姆加特纳登上有史以来最大的热气球，坐在热气球连接的太空舱内，升到了距离地面约39千米的高空。经过一系列准备后，他**跳了下来**……

鲍姆加特纳跳出太空舱时的高度约是飞机飞行高度的四倍。

在鲍姆加特纳垂直落向地球的过程中，他的最高速度达到1342千米/时。经过**9分钟**的自由落体运动后，他打开降落伞，最终安全着陆。

数百万人观看了鲍姆加特纳跳伞的直播。

11000米
飞机飞行的高度

8848.86米
珠穆朗玛峰的高度

3500米
普通跳伞的高度

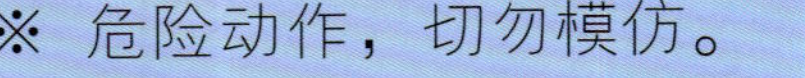

※ 危险动作，切勿模仿。

极限攀岩

如果你觉得爬树很难，那就想象一下，在没有安全绳的情况下，徒手爬上一块巨大的花岗岩，会是什么感受？**亚历克斯·霍诺尔德**在攀登美国约塞米蒂国家公园的伊尔酋长岩时，就是这样做的。

在没有任何装备的情况下攀岩，叫作“徒手攀岩”。攀岩者只能依靠自身的力量和技巧。这非常危险。

熟能生巧

美国攀岩者亚历克斯·霍诺尔德在攀岩前接受了艰苦的训练。他依靠手指的力量使身体悬空，每周数次，每次一小时。以此增强手指的力量，确保它们能够抓住岩壁上最小的裂缝。在决定徒手攀岩之前，他曾详细地研究过攀爬的线路，并做过 40 多次**攀爬练习**。

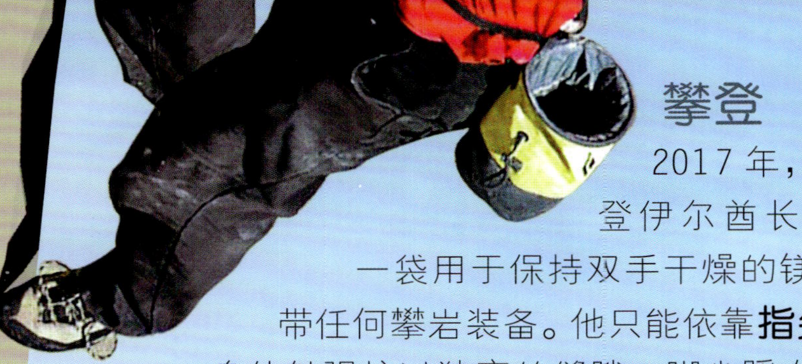

攀登

2017 年，霍诺尔德攀登伊尔酋长岩时，除了一袋用于保持双手干燥的镁粉之外，没带任何攀岩装备。他只能依靠**指尖**抓住岩缝，身体勉强挤过狭窄的缝隙，脚尖踩在比火柴盒还小的岩石凸起上。

伊尔酋长岩比世界上最高的建筑物——迪拜的哈利法塔还高！

勇往直前

对大多数攀岩者而言，即便带着攀岩装备，攀登上伊尔酋长岩可能也需要几天的时间。霍诺尔德在没有任何辅助装备的情况下，只用了一个上午就登上了顶端。他是世界上**第一**个，也是**唯一**一个徒手攀登上伊尔酋长岩的人。

霍诺尔德攀登伊尔酋长岩的全过程被摄像机记录了下来。这部纪录片《徒手攀岩》后来获得了奥斯卡奖！

索引

致谢

本书出版商由衷感谢以下名单中的人员提供图片使用权：
缩写说明：a- 上方；b- 下方 / 底部；c- 中间；f- 底图；l- 左侧；r- 右侧；t- 顶端。

1 123RF.com: Stasyuk Stanislav (tr). **Dreamstime.com:** Blue Ring Education Pte Ltd (bl); Eddydegroot (b). **2 iStockphoto.com:** proxyminder (tl). **3 Dorling Kindersley:** Roskilde Viking Ships Museum, Denmark (br). **Fotolia:** Dundanim (tr). **5 123RF.com:** Pablo Hidalgo (bc); Alberto Loyo (cb). **Dorling Kindersley:** Mangala Purushottam (tr). **Dreamstime.com:** Fredweiss (cb/Camel). **iStockphoto.com:** serts (br). **6 Dreamstime.com:** Tacettin Ulas / Photofactoryulas (cb). **7 123RF.com:** Triken (bc). **Dreamstime.com:** Azuzl (bc/Mushroom). **8 Alamy Stock Photo:** View Stock (l). **Dorling Kindersley:** Roskilde Viking Ships Museum, Denmark (br). **Dreamstime.com:** Brancaescova (cra). **9 Alamy Stock Photo:** Classic Image (cb, crb); The Picture Art Collection (ca); IanDagnall Computing (cra). **10 Alamy Stock Photo:** Imaginechina Limited (l). **11 Alamy Stock Photo:** The History Collection (br); Imaginechina Limited (cra, bc). **12 Dreamstime.com:** Boris Zerwann (tl). **13 Alamy Stock Photo:** All Canada Photos (tr). **Dorling Kindersley:** Roskilde Viking Ships Museum, Denmark (b). **14-15 Dreamstime.com:** Vvo (Background). **14 Alamy Stock Photo:** Classic Image (cra); Granger Historical Picture Archive (c). **Dreamstime.com:** Veremer (b). **15 Alamy Stock Photo:** Classic Image (cl, ca, c, br). **Getty Images:** Art Media / Print Collector (cra). **16 123RF.com:** Christos Georghiou / Krisdog (t/Background). **Dreamstime.com:** Ahmad Faizal Yahya / Afby71 (crb); Jeneses Imre (tr); Bodik1992 (t); Bbgreg (b). **16-17 123RF.com:** Andreykuzmin (Background). **17 123RF.com:** Attila Mittl / atee83 (bc, cra); Sergey Galushko / galdzer (tr); Christos Georghiou / Krisdog (Background). **Dreamstime.com:** Bodik1992 (bl); Jeneses Imre (c). **18 Alamy Stock Photo:** Peter Horree (cl). **Dorling Kindersley:** Durham University Oriental Museum (br); Science Museum, London (clb). **Dreamstime.com:** Jeneses Imre (cb). **18-19 Dreamstime.com:** Jeneses Imre (Boat). **iStockphoto.com:** CHUYN (cb). **19 123RF.com:** Aaron Amat (cr); Anan Kaewkhammul (cb). **Alamy Stock Photo:** ICP / incamerastock (tc) **Dorling Kindersley:** Blackpool Zoo, Lancashire, UK (crb). **Dreamstime.com:** Yinan Zhang (tr). **Getty Images:** DE Agostini Picture Library (ca). **20 Alamy Stock Photo:** Classic Image (tc). **21 Alamy Stock Photo:** IanDagnall Computing (tr); The Picture Art Collection (b). **Dreamstime.com:** Carla Zagni (tl). **22-23 123RF.com:** Eleonora Konnova (Background). **22 Alamy Stock Photo:** The Granger Collection (cra); Lanmas (crb). **Dreamstime.com:** Nevinates (cb). **23 Alamy Stock Photo:** Lanmas (t, c). **Dreamstime.com:** Javarman (b). **24 Alamy Stock Photo:** Granger Historical Picture Archive (cl). **24-25 Dreamstime.com:** Mishoo (t). **25 Alamy Stock Photo:** Granger Historical Picture Archive (crb). **iStockphoto.com:** duncan1890 (cl, cr). **26 Alamy Stock Photo:** View Stock (l/Mt. Wuyi). **Dreamstime.com:** Frenta (b); Lynn Watson / Luckydog1 (l). **26-27 Dreamstime.com:** Xianghong Wu / Wxh6763 (t). **27 Alamy Stock Photo:** Tim Graham (crb). **Dreamstime.com:** Sabelskaya (cr). **28-29 Alamy Stock Photo:** North Wind Picture Archives. **Dreamstime.com:** Mishoo (t). **29 Alamy Stock Photo:** GL Archive (c). **Dreamstime.com:** Vasyl Helevachuk (crb). **30-31 Dorling Kindersley:** Mangala Purushottam (t). **30 Alamy Stock Photo:** Agefotostock (ca); Chronicle (bl). **Getty Images:** Hulton Archive (cr). **31 Alamy Stock Photo:** Agefotostock (ca). **32 123RF.com:** Stanislav Odiagailo (cl). **Alamy Stock Photo:** Granger Historical Picture Archive (br); Pictorial Press Ltd (cla); The Natural History Museum (c/Beetles). **Dreamstime.com:** Coffeechocolates (c); Evgeniya Kramar (r). **32-33 123RF.com:** lightwise. **Dreamstime.com:** Daboost (Notebook); Sergiy Bykhunenko / Sbworld4 (wood texture). **33 123RF.com:** Eduardo Rivero / edurivero (tr); eleter (tl). **Alamy Stock Photo:** The Natural History Museum (clb). **Dreamstime.com:** Jakkapan Jabjainai (t/Paper); Channarong Pherngjanda (fcr); Odua (cr). **iStockphoto.com:** proxyminder (b). **34-35 Dreamstime.com:** Jeneses Imre (t, b). **34 123RF.com:** David Benes (crb); Storyimage (bl). **Dreamstime.com:** Hugoht (Flag). **35 123RF.com:** Oksana Desiatkina (br); Storyimage (br). **Alamy Stock Photo:** Lebrecht Music & Arts (ca). **36-37 123RF.com:** Nataliia Anisimova (b/Background). **36 Alamy Stock Photo:** Chronicle (c); Hirarchivum Press (l). **37 Depositphotos Inc:** interactimages (cra). **38-39 Dreamstime.com:** Andreykuzmin (Background). **38 Alamy Stock Photo:** Science History Images (br). **Dreamstime.com:** Aleksandar Mirkovic (tr, cra). **39 123RF.com:** Adrian Bidea (ca, cla). **Alamy Stock Photo:** Pictures Now (cb). **Dreamstime.com:** Aleksandar Mirkovic (ca/Tree). **41 123RF.com:** Tracy Fox / rfoxfoto (cr). **Alamy Stock Photo:** IanDagnall Computing (cl). **42-43 Dreamstime.com:** Znm (c). **42 Alamy Stock Photo:** Paul Brown (bl). **Dreamstime.com:** Brancaescova (bc). **43 Dreamstime.com:** Frank Bach (tr); Znm (bc). **44-45 123RF.com:** Sergey Nivens (t). **Dreamstime.com:** Rozum (b/ Background). **44 Alamy Stock Photo:** Granger Historical Picture Archive (cr); Niday Picture Library (l); Science History Images (tc). **45 Alamy Stock Photo:** Archive Pics (clb); Niday Picture Library (tl); The History Collection (cra). **46 Dreamstime.com:** B1e2n3i4 (t). **46-47 Alamy Stock Photo:** TheImage (Background). **47 Alamy Stock Photo:** Classic Image (t, ca); World History Archive (bc). **48 Alamy Stock Photo:** Colport (cra). **Getty Images:** Frank Krahmer / Photographer's Choice RF (cl); Frank Hurley / Royal Geographical Society (crb). **49 123RF.com:** Eleonora Konnova (tr). **Alamy Stock Photo:** Incamerastock (bl). **50 Getty Images:** Hulton Archive (c). **iStockphoto.com:** serts (l). **50-51 123RF.com:** Aleksandr Frolov (b/Background). **iStockphoto.com:** Kerrick (t/ Background). **51 Dorling Kindersley:** Durham University Oriental Museum (c). **Dreamstime.com:** Jaroslav Moravcik (cr). **Getty Images:** Mansell / Mansell / The LIFE Picture Collection (clb); Hulton-Deutsch Collection / Corbis (cla). **52 Alamy Stock Photo:** Keystone Press (bl). **52-53 Dreamstime.com:** Daniel Prudek (Background). **53 123RF.com:** Oleg Breslavtsev (tc). **Alamy Stock Photo:** Tim Cuff (bl, fbr). **Getty Images:** Bettmann (crb). **54 Alamy Stock Photo:** Sputnik (cb). **Getty Images:** Bettmann (cl). **56 Alamy Stock Photo:** NASA Archive (bl). **57 Alamy Stock Photo:** NASA Archive (br); Science History Images (t); The Print Collector (cla, cra). **Dorling Kindersley:** NASA (fcra). **58-59 Alamy Stock Photo:** Oleksiy Maksymenko Photography. **58 Getty Images:** Ingo Jezierski / Photodisc (bc). **59 Alamy Stock Photo:** incamerastock (br). **Getty Images:** STR / AFP (cra). **60-61 123RF.com:** gkuna (b/Background); Tommaso Lizzul (b). **Getty Images:** Rick Smolan / Contour. **61 Dreamstime.com:** Bennymarty (cr); Fredweiss (cl). **62 Alamy Stock Photo:** imageBROKER (tl); yvo (cl). **62-63 Dreamstime.com:** Albund (t). **63 Dreamstime.com:** Dmitry Pichugin / Dmitryp (ca); Ecelop (crb). **64 Dreamstime.com:** Yevgeniy Il\'yin (cl). **Getty Images:** Imeh Akpanudosen (bl). **64-65 Dreamstime.com:** Daniela Spyropoulou / Dana. **65 Alamy Stock Photo:** Photo 12 (tc). **Dreamstime.com:** Sabri Deniz Kizil / Bogalo. **66 123RF.com:** tawhy (crb/Dynamite). **Alamy Stock Photo:** Granger Historical Picture Archive (bl); Heritage Image Partnership Ltd (crb). **Dreamstime.com:** Lineartestpilot (crb/Scientist illustration). **67 Alamy Stock Photo:** Chronicle (c). **Dreamstime.com:** Torian Dixon / Mrincredible (cra). **68 Alamy Stock Photo:** Classic Image (cr). **68-69 123RF.com:** Oxana Lebedeva (Background). **69 Alamy Stock Photo:** (cb). **Dreamstime.com:** Dauker (c). **70 Alamy Stock Photo:** Vicky Barlow (cr); Lebrecht Music & Arts (l). **71 Alamy Stock Photo:** Peter Horree (cr); Lanmas (l). **72 Alamy Stock Photo:** Pictorial Press Ltd (cla). **72-73 Alamy Stock Photo:** Chronicle (b). **73 123RF.com:** Camilo MaranchÃ³n garcÃa (tl). **Alamy Stock Photo:** ART Collection (cb). **Dreamstime.com:** Destina156 (tc/Pluto); Forplayday (tc). **74 Alamy Stock Photo:** Science History Images (br). **Getty Images:** Hulton Archive (cr). **74-75 123RF.com:** solarseven (b). **75 Alamy Stock Photo:** Darling Archive (cla); NASA Archive (br). **Dreamstime.com:** Ke77kz (tc). **Getty Images:** Heritage Space / Heritage Images (c). **76-77 Dreamstime.com:** Ke77kz (Background). **76 Alamy Stock Photo:**

Antiqua Print Gallery (l, br); Classic Image (bl). **Dreamstime.com:** Nerthuz (c). **iStockphoto.com:** dem10 (bl/Stethoscope). **77 Alamy Stock Photo:** The Granger Collection (crb); The Natural History Museum (tl). **78 Dreamstime.com:** Alexlmx (tl). **78-79 Alamy Stock Photo:** Granger Historical Picture Archive (b). **79 Alamy Stock Photo:** Tony wood (br). **Dreamstime.com:** Denis Linine (ca); Volodymyr Scherbak (clb). **Getty Images:** Bettmann (tr). **80-81 Getty Images:** DeAgostini (c). **iStockphoto.com:** matejmo (Background). **80 Alamy Stock Photo:** Niday Picture Library (l). **81 123RF.com:** Roystudio (crb); Algirdas Urbonavicius (cr/Paper). **Alamy Stock Photo:** RGB Ventures / SuperStock (tr). **Dreamstime.com:** Bbgreg (ca). **82 123RF.com:** Pablo Hidalgo (c). **Alamy Stock Photo:** Bilwissedition Ltd. & Co. Kg (bl). **Dreamstime.com:** Keith Levit / keithlevit (fbl). **83 Alamy Stock Photo:** Science History Images (br). **Dorling Kindersley:** Natural History Museum, London (cra, bc). **Dreamstime.com:** Luminis (t). **84 123RF.com:** tawhy (crb/Dynamite). **Alamy Stock Photo:** Heritage Image Partnership Ltd (crb). **Dreamstime.com:** Lineartestpilot (crb/Scientist Illustration). **Fotolia:** VERSUSstudio (bl). **85 Alamy Stock Photo:** IanDagnall Computing (clb). **Dreamstime.com:** Georgios Kollidas (cr). **86 Alamy Stock Photo:** Chronicle. **Dorling Kindersley:** RGB Research Limited (cb). **Dreamstime.com:** Daboost (t/Notebook); Andrei Krauchuk / Rastudio (t). **iStockphoto.com:** biometar (clb). **87 Alamy Stock Photo:** INTERFOTO (clb). **Dreamstime.com:** Magnus Skjølberg / Maggern (tr). **88 Dreamstime.com:** Dmitriy Melnikov / Dgm007 (cb, cra). **Getty Images:** Alfred Eisenstaedt / The LIFE Picture Collection (r). **89 Getty Images:** Alfred Eisenstaedt / Pix Inc. / The LIFE Picture Collection (cra). **90 Alamy Stock Photo:** Science History Images (tl). **Dorling Kindersley:** Natural History Museum, London (c). **90-91 123RF.com:** Andrei Zaripov / undrey (b/Background). **91 Alamy Stock Photo:** Science History Images (tl). **Getty Images:** Cynthia Johnson / The LIFE Images Collection (br). **92-93 iStockphoto.com:** bgblue (b). **92 Alamy Stock Photo:** Ketsiam (cl). **Getty Images:** Sankei Archives (cr). **93 Alamy Stock Photo:** Wibowo Rusli (cb). **Getty Images:** The Asahi Shimbun (cr). **94 Getty Images:** Jonathan Wong / South China Morning Post (bl). **94-95 iStockphoto.com:** Henrik5000 (c). **96 123RF.com:** Alexander Atkishkin (Paper). **Alamy Stock Photo:** Science History Images (l). **Dreamstime.com:** Dijarm (tr). **96-97 123RF.com:** Dima Zahar (t/Background). **97 123RF.com:** Alexander Atkishkin (br); Elena Polina (Background). **Alamy Stock Photo:** Directphoto Collection (cl). **Dreamstime.com:** Nerthuz (tc/Lunar Module); Rawpixelimages (tc, cr). **Getty Images:** Chip Somodevilla (tr). **98 Getty Images:** Oxford Science Archive / Print Collector (crb); Universal History Archive / Universal Images Group (cb). **98-99 Dreamstime.com:** Torian Dixon / Mrincredible. **99 Alamy Stock Photo:** Art Directors & TRIP (ca); NASA Image Collection (clb); Granger Historical Picture Archive (bc). **Getty Images:** Space Frontiers / Archive Photos (cra). **100-101 Dreamstime.com:** Andrey Simonenko (cb). NASA: JPL. **100 NASA:** JPL (cb). **102 Alamy Stock Photo:** Rod Jones (b). **103 123RF.com:** TomÃis Guardia Bencomo (clb). **Alamy Stock Photo:** Charles Stirling (cra). **Dreamstime.com:** Cccsss (tr). **104-105 Alamy Stock Photo:** PersimmonPictures.com (c). **105 123RF.com:** onston (b/Monitor). **Dreamstime.com:** Chumphon Whangchom (c). **106 Dreamstime.com:** Christine Korten (c). **iStockphoto.com:** duncan1890 (cl). **106-107 Alamy Stock Photo:** American Photo Archive (ca). **107 Alamy Stock Photo:** GL Archive (clb). **Getty Images:** Bettmann (cra). **iStockphoto.com:** SongSpeckels (c). **108 Alamy Stock Photo:** INTERFOTO (bl). **iStockphoto.com:** duncan1890 (cra, cr). **108-109 Alamy Stock Photo:** NAPA (b). **109 Alamy Stock Photo:** INTERFOTO (ca); World History Archive (cla). **Dorling Kindersley:** Museum of the History of Science, University of Oxford (bc). **iStockphoto.com:** duncan1890 (clb). **110-111 123RF.com:** Lukas Bischoff (t). **Alamy Stock Photo:** Stocktrek Images, Inc. (cb). **111 Alamy Stock Photo:** Glasshouse Images (crb). **iStockphoto.com:** SongSpeckels (cra). **112 Alamy Stock Photo:** GL Archive (cr). **112-113 Alamy Stock Photo:** Nigel Cattlin (c). **113 Alamy Stock Photo:** Christopher Jones (tr); The Natural History Museum (c). **Dreamstime.com:** Mark Turner (bc). **114 Dreamstime.com:** Joools (cb, tr). **iStockphoto.com:** duncan1890 (bl). **115 Alamy Stock Photo:** Pictorial Press Ltd (crb). **Dreamstime.com:** Bodik1992 (Background). **Getty Images:** Time Life Pictures / Mansell / The LIFE Picture Collection (cl). **iStockphoto.com:** CSA Images (cr). **116 Getty Images:** MPI (l). **117 Getty Images:** Afro American Newspapers / Gado (crb); Universal History Archive (tr). **iStockphoto.com:** duncan1890 (bl). **118 Alamy Stock Photo:** Cascoly (bc). **Fotolia:** Alex Vasilev (bc/Bag). **Getty Images:** Mondadori (cl). **119 Alamy Stock Photo:** Everett Collection Historical (cr). **120-121 123RF.com:** Eleonora Konnova (Background). **120 Alamy Stock Photo:** GL Archive (bc). **121 Alamy Stock Photo:** Chronicle (tc); Granger Historical Picture Archive (br). **Dreamstime.com:** Josef Prchal (cr). **122 Alamy Stock Photo:** Chronicle of World History (bl); Huu Dai Trinh (Cherry). **Dreamstime.com:** Christine Korten (cr). **122-123 Dreamstime.com:** Vvo (Background). **123 Alamy Stock Photo:** Huu Dai Trinh (cr). **Getty Images:** Kyodo News (clb, br). **124 Getty Images:** Hulton-Deutsch Collection / Corbis (bl). **124-125 Getty Images:** Popperfoto (c). **125 Alamy Stock Photo:** Heritage Image Partnership Ltd (bl). **Getty Images:** G P Lewis / Imperial War Museums (crb). **126 Alamy Stock Photo:** Pictorial Press Ltd (bl). **Getty Images:** APIC (crb). **126-127 Alamy Stock Photo:** American Photo Archive (t). **127 123RF.com:** Pitris (bl). **128 Alamy Stock Photo:** Science History Images (cl). **129 iStockphoto.com:** Nosyrevy (b). **130 Depositphotos Inc:** sergeypykhonin (clb). **Dorling Kindersley:** R. Florio (bc). **Dreamstime.com:** Alyssand (bl). **Getty Images:** Keystone-France / Gamma-Rapho (cr). **131 123RF.com:** Elena Polina (ca). **Dreamstime.com:** Elenatur (cra); Gagarych (tr); Luis Leamus (cla); Pasojo (cl). **Getty Images:** Bettmann (cr). **132-133 Dreamstime.com:** Sergeystupak. **132 Alamy Stock Photo:** IanDagnall Computing (cra); Dinodia Photos (clb). **133 Alamy Stock Photo:** Dinodia Photos (c). **134 Alamy Stock Photo:** Heritage Image Partnership Ltd (cl/Clara Campoamor). **Dreamstime.com:** Andres Rodriguez / Andresr (cl). **Getty Images:** DEA Picture Library (tr); Rolls Press / Popperfoto (cb). **136 Alamy Stock Photo:** IanDagnall Computing (cb). **136-137 iStockphoto.com:** Kerrick (t). **137 123RF.com:** Eric Isselee / isselee (clb). **Getty Images:** Bettmann (tr). **138 123RF.com:** Iryna Volina (clb). **Dreamstime.com:** Sborisov (tl). **139 Alamy Stock Photo:** Everett Collection Inc (tr); FLPA (bl). **Getty Images:** Apic (br). **140 Alamy Stock Photo:** World History Archive (cl). **Dreamstime.com:** Pop Nukoonrat (cr). **141 Alamy Stock Photo:** SPUTNIK (crb, br); Ivan Vdovin (c). **142-143 Getty Images:** Barbara Reichardt / EyeEm (b). **142-43 Alamy Stock Photo:** SPUTNIK (bc). **143 123RF.com:** Alexandr Rozhkov (c). **Alamy Stock Photo:** Keystone Press (tr); ZUMA Press, Inc. (cra). **Dreamstime.com:** Artur Balytskyi (br). **144 iStockphoto.com:** JohnnyLye (bl). **145 Alamy Stock Photo:** Tim Plowden (c). **Dreamstime.com:** Volodymyr Byrdyak (bl); Tacettin Ulas / Photofactoryulas (ca). **Getty Images:** Keystone / Hulton Archive (cra). **146 Dreamstime.com:** Zuzana Randlova / Nazzu (br). **Getty Images:** Justin Sullivan (l). **147 123RF.com:** Aleksandr Sulga (c/Cameraman Silhouette). **Alamy Stock Photo:** AF archive (c). **Getty Images:** John Wolfsohn (br). **iStockphoto.com:** Passakorn_14 (cra). **148-49 Dreamstime.com:** Blue Ring Education Pte Ltd (Jungle). **148 Getty Images:** Visual China Group (cl). **149 123RF.com:** Cobalt (clb). **Dreamstime.com:** Martina Meyer / Martinam (r/Paper). **Getty Images:** Land Rover (t); Ben Gurr - WPA Pool (cl). **150 Alamy Stock Photo:** Panther Media GmbH (cl). **150-151 Dreamstime.com:** Roberto Giovannini / Roberto1977 (Cloudy Sky). **151 Alamy Stock Photo:** Everett Collection Inc (cb). **Dreamstime.com:** Kenm (c). **152-153 Dreamstime.com:** Pierre Aden (bc). **152 123RF.com:** Stasyuk Stanislav (cra). **Alamy Stock Photo:** The Picture Art Collection (l). **iStockphoto.com:** koya79 (cla). **153 123RF.com:** Triken (cla). **Alamy Stock Photo:**

Agefotostock (ca/Piano); Lakeview Images (ca); Hemis (br). **154 Alamy Stock Photo:** imageBROKER (bc). **Getty Images:** BJI / Blue Jean Images (r/Girl). **iStockphoto.com:** Riorita (r). **155 123RF.com:** Patrick Guenette (fcla, ca, cra). **Alamy Stock Photo:** Hemis (br); imageBROKER (tc). **Dreamstime.com:** Jolanta Dabrowska (c). **156 123RF.com:** hancess (l). **156-157 123RF.com:** Eleonora Konnova (ca/Paper). **157 Alamy Stock Photo:** Xuguang Wang (br). **Dreamstime.com:** Pierre Aden (bl). **158-159 iStockphoto.com:** Explora_2005. **158 Alamy Stock Photo:** Ihsan Gercelman (bl). **159 Alamy Stock Photo:** Peter Horree (br). **160 Alamy Stock Photo:** Ancient Art and Architecture (bl). **160-161 Dreamstime.com:** Eddydegroot (b). **162 Alamy Stock Photo:** Pictorial Press Ltd (cb). **Dreamstime.com:** Blue Ring Education Pte Ltd (l/Jungle). **162-163 Dreamstime.com:** Jarnogz (c). **163 Alamy Stock Photo:** Rubens Alarcon (cb). **Getty Images:** Prisma / Universal Images Group (cra). **164 Alamy Stock Photo:** Michele Falzone (bl). **Getty Images:** Livio ANTICOLI / Gamma-Rapho. **165 Alamy Stock Photo:** IanDagnall Computing (crb). **166 123RF.com:** Lakhesis (tr). **Alamy Stock Photo:** Lakeview Images (br). **Dreamstime.com:** Elisanth (tr/Moon). **167 Alamy Stock Photo:** Agefotostock (b); GL Archive (cra). **168-169 123RF.com:** Derek Simpson (t). **Dreamstime.com:** Julia Shevchenko / Laracraft. **168 123RF.com:** Triken (crb). **Alamy Stock Photo:** The Print Collector (tr). **Dreamstime.com:** Azuzl (br). **iStockphoto.com:** duncan1890 (bl). **169 123RF.com:** Olga Popova (cb); Triken (tc). **Alamy Stock Photo:** Keith Corrigan (tc/Anne Anderson); INTERFOTO (tl); North Wind Picture Archives (cl); Historical image collection by Bildagentur-online (c). **Dreamstime.com:** Regina555 (ca). **iStockphoto.com:** ZU_09 (br). **170 Alamy Stock Photo:** GL Archive (tl). **170-171 Dreamstime.com:** Irochka (cb). **172 123RF.com:** Antonio Guillem (bl); Lev Kropotov (tr). **Alamy Stock Photo:** Science History Images (r). **iStockphoto.com:** pterwort (clb). **172-173 iStockphoto.com:** CynthiaAnnF (b). **173 123RF.com:** Singkam Chanteb (cr). **Getty Images:** PhotoQuest (clb). **iStockphoto.com:** zygotehasnobrain (br). **174 Getty Images:** Oxford Science Archive / Print Collector (clb, cl). **174-175 iStockphoto.com:** Kerrick (t). **175 Alamy Stock Photo:** The Picture Art Collection (bl). **Dreamstime.com:** Leungphotography (crb); Andrey Simonenko. **iStockphoto.com:** koya79 (cl). **176 Alamy Stock Photo:** Everett Collection Historical (cl); NPS Photo (cr). **176-177 iStockphoto.com:** Kerrick (t). **177 Alamy Stock Photo:** Brian Lawrence (cra); Universal Art Archive (c). **iStockphoto.com:** Radionphoto (cb). **178 Alamy Stock Photo:** Hi-Story (br). **iStockphoto.com:** duncan1890 (tr). **178-179 123RF.com:** Stasyuk Stanislav (tc). **179 Dreamstime.com:** (cl); Vladimir Yudin (c). **Getty Images:** Bettmann (bc). **180 Alamy Stock Photo:** Granger Historical Picture Archive (cb). **181 Alamy Stock Photo:** Granger Historical Picture Archive (tl); Pictorial Press Ltd. **182 123RF.com:** Roystudio (b). **Alamy Stock Photo:** History and Art Collection (cb). **Getty Images:** Apic (br). **iStockphoto.com:** TomasSereda (cl). **182-183 Dreamstime.com:** Marcorubino. **183 Dreamstime.com:** (t); Kyolshin (bl). **184 123RF.com:** Ten Theeralerttham / rawangtak (bl). **Dorling Kindersley:** Jerry Young (b). **184-185 Dreamstime.com:** Sabri Deniz Kizil / Bogalo (b/Animals). **185 123RF.com:** Ten Theeralerttham / rawangtak (br). **Alamy Stock Photo:** Wilf Doyle (cr/Ship); Granger Historical Picture Archive (c). **Getty Images:** Benjamin Auger / Paris Match (br/Jacques-Yves Cousteau). **186 Dreamstime.com:** Boris Zerwann (l). **Getty Images:** Hulton Archive (tr). **iStockphoto.com:** Sylwia (bl). **186-187 Dreamstime.com:** Luminis. **187 Alamy Stock Photo:** Homer Sykes (br). **Dreamstime.com:** Jktu21 (tr). **iStockphoto.com:** tiler84 (cr). **188 Dorling Kindersley:** Museum of Design in Plastics, Bournemouth Arts University, UK (crb). **Dreamstime.com:** Polinaraulina. **189 iStockphoto.com:** traveler1116 (cra). **190-191 Alamy Stock Photo:** Imaginechina Limited (b). **192-193 123RF.com:** kritchanut (b); olegdudko. **192 Dreamstime.com:** Joachim Eckel (cl). **Getty Images:** Brenton Geach / Gallo Images (cra); Jeff Christensen / Liaison (cr). **193 Alamy Stock Photo:** Joerg Boethling (ca). **Getty Images:** Jamie McCarthy / Getty Images for Bill & Melinda Gates Foundation (br). **194 123RF.com:** gioiak2 (fcl). **Alamy Stock Photo:** Chronicle (cla); IanDagnall Computing (cl); Science History Images (bl); Everett Collection Inc. **194-195 Alamy Stock Photo:** Science History Images (ca). **196 Alamy Stock Photo:** incamerastock (bl). **Getty Images:** Historica Graphica Collection / Heritage Images (tl). **196-197 123RF.com:** Vassiliy Prikhodko. **Alamy Stock Photo:** Shawshots (b). **Getty Images:** Historica Graphica Collection / Heritage Images (tc). **197 Dreamstime.com:** Marius Droppert / Mariusdroppert (clb). **Getty Images:** DeAgostini (cra); Sepia Times / Universal Images Group (l). **198 Alamy Stock Photo:** Chronicle (c). **iStockphoto.com:** Kerrick (bl/Background). **198-199 123RF.com:** Aivolie (ca). **Alamy Stock Photo:** Frances Roberts (b). **199 iStockphoto.com:** Nosyrevy (tr). **200-201 Dreamstime.com:** Elovkoff (Background). **200 Getty Images:** Hulton Archive (cra); Hulton-Deutsch Collection / Corbis (clb). **202-203 Alamy Stock Photo:** Science History Images. **Dreamstime.com:** Tortoon (Background). **204 123RF.com:** Derek Simpson (Background). **Alamy Stock Photo:** Chronicle (c). **Getty Images:** Bettmann (bc). **205 Alamy Stock Photo:** Collection 68 (c); PF-(sdasm4) (tl); Granger Historical Picture Archive (tc). **Getty Images:** SSPL (r). **206 123RF.com:** gioiak2 (cl/Handcuffs). **Alamy Stock Photo:** IanDagnall Computing (cl). **Getty Images:** Peter Keegan / Keystone (tr). **207 Getty Images:** FPG (b). **208 Alamy Stock Photo:** Science History Images (bc, cb). **208-209 Alamy Stock Photo:** Wayne Hutchinson (Background). **209 Alamy Stock Photo:** Science History Images (br). **210-211 Getty Images:** Minnesota Historical Society / Corbis (c). **210 Alamy Stock Photo:** Niday Picture Library (cl). **211 Dreamstime.com:** Lightzoom (br). **Getty Images:** Minnesota Historical Society / Corbis (cla). **212-213 Getty Images:** Bettmann. **213 Dreamstime.com:** Isselee (br). **Getty Images:** Ralph Crane / The LIFE Picture Collection (b); Kypros (cra). **214 Alamy Stock Photo:** Aviation History Collection (l). **214-215 123RF.com:** Derek Simpson (Sky background). **215 Alamy Stock Photo:** PF-(aircraft) (cl); US Air Force Photo (br). **216 Avalon:** Luke Aikins (tr). Rex by Shutterstock: Keystone / Zuma (bl). **217 Alamy Stock Photo:** EDB Image Archive (tr). **Dreamstime.com:** Dmitry Pichugin / Dmitryp; Gv1961 (cl); Irochka (cra). **218-219 123RF.com:** Vassiliy Prikhodko (Background). **Alamy Stock Photo:** TCD / Prod.DB (b). **219 Alamy Stock Photo:** Cavan (cb); George Ward (cla). **220 iStockphoto.com:** Passakorn_14 (cb). **221 123RF.com:** Triken (clb). **Dreamstime.com:** Azuzl (bl). **223 Alamy Stock Photo:** World History Archive (bc). **Dreamstime.com:** Rozum (bl). **Getty Images:** Frank Krahmer / Photographer's Choice RF (crb). **224 Dreamstime.com:** Pierre Aden (b)

Cover images: *Front:* **123RF.com:** Pablo Hidalgo br; **Dorling Kindersley:** Roskilde Viking Ships Museum, Denmark bl; **Fotolia:** Dundanim tr; *Back:* **Dorling Kindersley:** Mangala Purushottam tr; **iStockphoto.com:** proxyminder cl

所有其他图片的版权属于 DK 公司

DK 还要感谢：
Kitty Glavin for additional illustrations. Marie Lorimer for indexing. Sophie Parkes for proofreading. Philip Parker for fact checking. Martin Copeland and Lynne Murray for picture library assistance. Emma Shepherd and Anna Wilson for font assistance.